Meinungsmacht in einer konvergenten Medienwelt

Studien zum deutschen und europäischen Medienrecht

Herausgegeben von Dieter Dörr und Udo Fink
mit Unterstützung der Dr. Feldbausch Stiftung

Band 63

Zur Qualitätssicherung und Peer Review der vorliegenden Publikation

Die Qualität der in dieser Reihe erscheinenden Arbeiten wird vor der Publikation durch die Herausgeber der Reihe geprüft.

Notes on the quality assurance and peer review of this publication

Prior to publication, the quality of the work published in this series is reviewed by the editors of the series.

Alexander Natt

Meinungsmacht in einer konvergenten Medienwelt

Erfassung medialen Einflusspotentials und seine rechtliche Bewertung

PL ACADEMIC RESEARCH

Bibliografische Information der Deutschen Nationalbibliothek
Die Deutsche Nationalbibliothek verzeichnet diese Publikation in der Deutschen Nationalbibliografie; detaillierte bibliografische Daten sind im Internet über http://dnb.d-nb.de abrufbar.

ISSN 1438-4981
ISBN 978-3-631-69930-0 (Print)
E-ISBN 978-3-631-69931-7 (E-Book)
E-ISBN 978-3-631-69943-0 (EPUB)
E-ISBN 978-3-631-69944-7 (MOBI)
DOI 10.3726/978-3-631-69931-7

Internationaler Verlag der Wissenschaften
Frankfurt am Main 2016

PL Academic Research ist ein Imprint der Peter Lang GmbH.

Peter Lang – Frankfurt am Main · Bern · Bruxelles · New York · Oxford · Warszawa · Wien

Diese Publikation wurde begutachtet.

www.peterlang.com

Alexander Natt

Meinungsmacht in einer konvergenten Medienwelt

Erfassung medialen Einflusspotentials und seine rechtliche Bewertung

PL ACADEMIC RESEARCH

Bibliografische Information der Deutschen Nationalbibliothek
Die Deutsche Nationalbibliothek verzeichnet diese Publikation in der Deutschen Nationalbibliografie; detaillierte bibliografische Daten sind im Internet über http://dnb.d-nb.de abrufbar.

ISSN 1438-4981
ISBN 978-3-631-69930-0 (Print)
E-ISBN 978-3-631-69931-7 (E-Book)
E-ISBN 978-3-631-69943-0 (EPUB)
E-ISBN 978-3-631-69944-7 (MOBI)
DOI 10.3726/978-3-631-69931-7

Internationaler Verlag der Wissenschaften
Frankfurt am Main 2016

PL Academic Research ist ein Imprint der Peter Lang GmbH.

Peter Lang – Frankfurt am Main · Bern · Bruxelles · New York · Oxford · Warszawa · Wien

Diese Publikation wurde begutachtet.

www.peterlang.com

Vorwort des Herausgebers

Das Bundesverfassungsgericht hat die Sicherung von Meinungsvielfalt schon früh als Schlüsselthema für den Medienbereich erkannt und vom Gesetzgeber Vorkehrungen zur Verhinderung vorherrschender Meinungsmacht gefordert. Die Medienlandschaft befindet sich indes in einem rasanten Entwicklungsprozess. Auch das Rezeptionsverhalten der Menschen verändert sich drastisch. Angesichts dieser Umwälzungen wird die Wirksamkeit der existierenden gesetzlichen Vorkehrungen in Wissenschaft und Praxis zunehmend in Zweifel gezogen. Unklar und umstritten ist jedoch, wie mit diesem Befund umzugehen ist.

Dies nimmt Alexander Natt zum Anlass, eine umfassende Analyse des geltenden Systems zur Verhinderung vorherrschender Meinungsmacht zu erstellen. Nach einer prägnanten Einleitung schildert das zweite Kapitel die verfassungsrechtliche Ausgangssituation und die einfachgesetzliche Ausgestaltung der verfassungsgerichtlichen Vorgaben. Hierauf aufbauend untersucht das dritte Kapitel die Ansätze zur Erfassung und Bewertung von Meinungsmacht in der Aufsichtspraxis der Landesmedienanstalten und ihre Defizite. Das zentrale vierte Kapitel identifiziert die zentralen Problemfelder auf die der Gesetzgeber Antworten finden muss. Die Abhandlung schließt mit konkreten Schlussfolgerungen für ein reformiertes Medienkonzentrationsrecht.

Eine besondere Leistung der Arbeit besteht darin, eine ganze Reihe von Annahmen hinsichtlich der Wirkungszusammenhänge von Medien zu hinterfragen und ihre Schwächen präzise herauszuarbeiten. Mit praktischem Problembewusstsein kommt Alexander Natt zu abgewogenen und differenzierten Schlussfolgerungen und entwickelt interessante Lösungsansätze. Mit dieser Studie legt er einen ambitionierten Reformvorschlag hinsichtlich einer Neugestaltung der Medienkonzentrationskontrolle vor. Die Fülle kluger und treffender Beobachtungen sowie die abgewogenen und differenzierten Schlussfolgerungen werden die künftige Diskussion beleben.

Mainz, im Juli 2016 Dieter Dörr

Vorwort des Verfassers

Unabhängige Massenmedien sind für moderne Demokratien überlebensnotwendig. Sie sind die Plattform für den gesamtgesellschaftlichen Diskurs. Gleichzeitig kommt ihnen in dieser Rolle auch das Potential zur bewussten oder unbewussten Beeinflussung zu. Durch die notwendige Auswahl, Gewichtung und Einordnung von Inhalten bestimmen Massenmedien maßgeblich, ob und wie meinungs- und gesellschaftsrelevante Inhalte wahrgenommen werden. Sie schieben sich gewissermaßen wie ein Filter vor die „Realität".

Ist diese Meinungsmacht der Medien abstrakt jedem begreiflich, stellt der konkrete Umgang mit ihr eine ungleich größere Herausforderung dar. Das Bundesverfassungsgericht fordert vom Gesetzgeber wirksame Maßnahmen zur Verhinderung vorherrschender Meinungsmacht. Meinungsmacht selbst ist allerdings kein messbarer Wert und so sind die entscheidenden konzeptionellen Fragen ihrer Erfassung und rechtlichen Bewertung seit jeher umstritten. Umwälzende Veränderungen in der Medienlandschaft und veränderte Nutzungsgewohnheiten, deren Auswirkungen die wissenschaftliche Forschung gerade erst zu verstehen beginnt, erschweren die Sachlage zusätzlich. Gleichzeitig macht diese konvergente Medienwelt die Suche nach Lösungen umso dringlicher.

Vor diesem Hintergrund kann und will diese Arbeit keine endgültigen und allumfassenden Lösungen versprechen. Gleichwohl sollen bestehende Annahmen kritisch hinterfragt, neue Schlussfolgerungen gezogen und so der Diskussion um ein reformiertes Medienkonzentrationsrecht neue Impulse gegeben werden.

Für die Aufnahme dieser Überlegungen in die Schriftenreihe des Mainzer Medieninstituts gebührt dem Direktor Professor Dr. Dieter Dörr sowie der Geschäftsführerin Birgit Harz ein ganz herzlicher Dank.

Mainz, im Juli 2016 — Alexander Natt

Inhaltsverzeichnis

Abbildungsverzeichnis

I. Einleitung

In einer modernen Demokratie sind Massenmedien notwendige Plattformen für den öffentlichen Diskurs. Gleichzeitig sind sie durch Auswahl und Gewichtung meinungs- und gesellschaftsrelevanter Inhalte in der Lage diese öffentliche Debatte zu beeinflussen. Sie sind Medium und zugleich Faktor der öffentlichen Willensbildung.[1] Anknüpfend an die verfassungsgerichtliche Rechtsprechung[2] ist daher die Verhinderung „vorherrschender Meinungsmacht" das ausdrückliche Ziel des Medienkonzentrationsrechts, wie es derzeit maßgeblich in § 26 Rundfunkstaatsvertrag (RStV) geregelt ist. Bereits mit dem dritten Rundfunkänderungsstaatsvertrag (RÄStV) im Jahr 1996 hat es dabei sein im Wesentlichen noch heute geltendes Gesicht bekommen.[3] Die Regelungen des § 26 Abs. 1 und 2 RStV stellen also auch heute noch den geltenden Maßstab zur Beurteilung des strukturellen Einflusses von Medienunternehmen auf die öffentliche Willensbildung dar.

Während das bundesweite Fernsehen in Bezug auf die Kontrolle seiner Meinungsmacht ausführlich und detailliert geregelt ist – wenngleich über die Wirksamkeit der Kontrolle gestritten werden kann[4] – unterfallen andere Medienakteure für sich genommen seit jeher keiner medienspezifischen Konzentrationskontrolle, jedenfalls nicht in einem bundesweit einheitlichen Maßstab.[5] Nicht zuletzt vor dem Hintergrund der zunehmend veränderten Mediennutzung[6] ist Kern der Kritik am bestehenden System der Medienkonzentrationskontrolle, dass sie bereits ihrer Konzeption nach gerade keine solche ist. Es handelt sich vielmehr im Wesentlichen um eine „Fernsehkonzentrationskontrolle".[7] Medienaktivitäten jenseits des Fernsehens

1 Vgl. BVerfGE 12, 205 (260).

2 Vgl. nur BVerfGE 73, 118 (160), st. Rspr.

3 Vgl. *Hain*, „Vorherrschende Meinungsmacht i.S.d. § 26 Abs. 1, 2 RStV – Die Kontroverse um ‚quantitative' oder ‚qualitative' Bestimmung", MMR 2000, 537 (537).

4 Vgl. *Dörr/Deicke*, „Positive Vielfaltsicherung – Bedeutung und zukünftige Entwicklung der Fensterprogramme für die Meinungsvielfalt in den privaten Fernsehprogrammen, Studie des Mainzer Medieninstituts, ZUM 2015, 89 (90), m.w.N.

5 Vgl. *Grünwald*, in: Spindler/Schuster, Recht der elektronischen Medien: Kommentar, RStV § 26, Rn. 2; siehe auch Übersicht über die entsprechenden Regelungen in den Mediengesetzen der Länder (Stand 2006) bei *Schulz/Held*, „Die Zukunft der Kontrolle der Meinungsmacht", Gutachten im Auftrag der Friedrich-Ebert-Stiftung, S. 19ff.

6 Vgl. nur *Kors*, Die Wissensbasis: Ergebnisse des neuen DLM-Medienkonvergenzmonitors", Vortrag im Rahmen des DLM-Symposiums 2015 „Moderne Regulierung schaffen, Medienzukunft gestalten" vom 19.03.2015, S. 17.

7 So auch die Forderung der Kommission zur Ermittlung der Konzentration im Medienbereich (KEK), nach einer Abkehr von der Fernsehzentriertheit des Medienkonzentrationsrechts, *KEK*, „Von der Fernsehzentrierung zur Medienfokussierung – Anforderungen an eine zeitgemäße Sicherung medialer Meinungsvielfalt, Bericht der Kommission zur Ermittlung der Konzentration im Medienbereich (KEK) über

werden allenfalls mittelbar unter dem Begriff der „medienrelevanten verwandten Märkte" erfasst und setzen nach § 26 Abs. 2 S. 2 RStV zwingend die Beteiligung eines Fernsehanbieters voraus. Mit anderen Worten: Nach geltendem Medienkonzentrationsrecht können Akteure anderer meinungsrelevanter Mediengattungen, außerhalb des klassischen Fernsehens, überhaupt nur in den Blick genommen werden, wenn diese mit einem Fernsehanbieter zusammenwirken.

Dies erstaunt umso mehr, als im Fokus der derzeit geführten Debatte um eine Reform der Medienaufsicht vor allem solche Geschäftsmodelle und Aktivitäten im Zentrum der Aufmerksamkeit stehen, die im Medienkonzentrationsrecht derzeit nur (unzureichend) als Annex erfasst werden.[8] Die Notwendigkeit der stärkeren Einbeziehung derartiger Medienaktivitäten auch im Rahmen des Medienkonzentrationsrechts kann vor diesem Hintergrund nur noch schwer bestritten werden.[9]

Unklar und umstritten ist gleichwohl, wie eine solche Einbeziehung vorgenommen werden kann bzw. sollte. Dabei geht es zum einen um die abstrakte Messung und Gewichtung meinungsbildungsrelevanter Anbieter und zum anderen um die anschließende Überführung dieser „Wissensbasis"[10] in konkrete regulatorische Maßnahmen.

Im Fokus der Debatte um die Schaffung der angesprochenen „Wissensbasis" stehen insbesondere der bislang praktizierte Ansatz der Kommission zur Ermittlung der Konzentration im Medienbereich (KEK)[11] sowie der, teilweise als Gegenentwurf zu verstehende, im Frühjahr 2015 der Öffentlichkeit präsentierte „Medienkonvergenzmonitor" der Direktorenkonferenz der Landesmedienanstalten (DLM).[12] Eint diese beiden

---

die Entwicklung der Konzentration und über Maßnahmen zur Sicherung der Meinungsvielfalt im privaten Rundfunk", in: Schriftenreihe der Landesmedienanstalten, Band 49, S. 512.

8 Vgl. nur Tagungsbericht zum DLM-Symposium 2015, Berlin, 19.03.2015.

9 Anders allerdings wohl BVerwG ZUM-RD 2014, 454 (459); siehe auch *Cornils*, „Medienkonzentrationsrechtliche Entwicklungen in Bezug auf die Veranstaltung bundesweiten Fernsehens", in: Hohlfeld/Müller-Terpitz (Hrsg.), Medienkonzentrationskontrolle – Quo vadis?, S. 58, der im Ergebnis eine Funktionslosigkeit des Medienkonzentrationsrechts zumindest für verkraftbar hält.

10 *Kors*, Die Wissensbasis: Ergebnisse des neuen DLM-Medienkonvergenzmonitors", Vortrag im Rahmen des DLM-Symposiums 2015 „Moderne Regulierung schaffen, Medienzukunft gestalten" vom 19.03.2015, S. 1.

11 *KEK*, „Von der Fernsehzentrierung zur Medienfokussierung – Anforderungen an eine zeitgemäße Sicherung medialer Meinungsvielfalt, Bericht der Kommission zur Ermittlung der Konzentration im Medienbereich (KEK) über die Entwicklung der Konzentration und über Maßnahmen zur Sicherung der Meinungsvielfalt im privaten Rundfunk", in: Schriftenreihe der Landesmedienanstalten, Band 49, S. 53ff.

12 DLM-Pressemitteilung 03/2015, „Neuer DLM-Medienkonvergenzmonitor: Aktuelles zu Medienmacht und Medienvielfalt beim DLM-Symposium am 19. März", online abrufbar unter http://www.die-medienanstalten.de/presse/pressemitteilungen/direktorenkonferenz-der-landesmedienanstalten/detailansicht/article/dlm-pressemitteilung-032015-neuer-dlm-medienkonvergenzmonitor-aktuelles-zu-medienmacht-und-medien.html.

Modelle noch das verfolgte Ziel der Verhinderung vorherrschender Meinungsmacht, unterscheiden sie sich teils erheblich in der zugrundeliegenden Methodik.

Diesen grundlegenden und für eine Reform des Medienkonzentrationsrechts entscheidenden konzeptionellen Fragen zur Erfassung und Bewertung von Meinungsbildungsrelevanz, respektive „Meinungsmacht“ widmet sich die vorliegende Arbeit. Beleuchtet werden dabei zunächst die rechtlichen Rahmenbedingungen (II.). Ausgehend von den verfassungsrechtlichen Vorgaben und dem ausdrücklichen Auftrag an den Gesetzgeber, vorherrschende Meinungsmacht zu verhindern, werden dabei die einfachrechtliche Umsetzung in § 26 RStV und die sich hieraus für die Anwendungspraxis ergebenden Folgen näher beleuchtet. Daran schließt sich die Darstellung der praktischen Umsetzung innerhalb der beiden genannten Modelle sowie ihrer Unterschiede an (III.). Vor dem Hintergrund des so ermittelten Befundes werden diejenigen Punkte herausgearbeitet, die bei der Erfassung meinungsrelevanter Akteure von zentraler Bedeutung sind (IV.). Diese Überlegungen geben den Rahmen sowohl für die praktische Bewertung und Gewichtung von Meinungsmacht, als auch für eine mögliche Reform der gesetzlichen Grundlagen des Medienkonzentrationsrechts vor. Abschließend werden auf dieser Grundlage konkrete Vorschläge unterbreitet, wie ein Medienkonzentrationsrecht in einer konvergenten und multipolaren Medienwelt aussehen könnte (V.).

II. Rechtliche Rahmenbedingungen

1. Verfassungsrechtlicher Rahmen

Dogmatischer Ausgangspunkt jeder Form der Medienaufsicht sind zuvorderst die Vorgaben des Grundgesetzes. Diese geben insoweit den möglichen Handlungsspielraum vor. Dabei sind einerseits Grenzen hoheitlicher Ausgestaltung, aber gerade im Medienbereich auch Handlungspflichten des Gesetzgebers[13], mit anderen Worten ein Mindestregelungsbedarf zu beachten. Im Zentrum stehen dabei die Maßgaben des Art. 5 Abs. 1 GG. Ist der bloße Wortlaut noch reichlich vage, hat das Bundesverfassungsgericht (BVerfG) die Medienlandschaft, insbesondere soweit sie den Rundfunk als Ausgangspunkt hat oder mit diesem in Zusammenhang steht, durch seine Entscheidungen in bedeutender Weise mitgeprägt. Dies gilt insbesondere hinsichtlich der Sonderdogmatik zur Rundfunkfreiheit,[14] aber auch allgemein für das Verständnis der Rolle von Massenmedien für die Willensbildung in einer demokratischen Gesellschaft.

Ihre Inhalte sind vielfach umfassend analysiert[15], verteidigt und auch kritisiert[16] worden. Im Folgenden sollen daher diejenigen Punkte identifiziert und herausgearbeitet werden, die maßgeblich für die Bewertung und Gewichtung von meinungsbildungsrelevanten Aktivitäten in den Medien im Rahmen der Medienkonzentrationskontrolle sind. Dabei wird im Ausgangspunkt zunächst die grundsätzliche Bedeutung der Medien für den Prozess der öffentlichen Willensbildung und damit für die Demokratie dargestellt (a)). Anschließend werden Inhalt und Umfang des verfassungsgerichtlich formulierten Auftrags, vorherrschende Meinungsmacht zu verhindern, näher beleuchtet und dabei auch seine eigenständige Bedeutung in Abgrenzung zur sog. positiven Vielfaltsicherung dargestellt (b)). Abschließend wird für den Gesetzgeber eine medienübergreifende Pflicht dargelegt, vorherrschende Meinungsmacht dort zu verhindern, „wo sie entsteht“[17] (c)).

---

13 Vgl. auch *Kluth/Schulz*, „Konvergenz und regulatorische Folgen. Gutachten im Auftrag der Rundfunkkommission der Länder“, in: Arbeitspapiere des Hans-Bredow-Instituts Nr. 30, S.54.

14 Zum Konzept der Rundfunkfreiheit als „dienende Freiheit“ vgl. BVerfGE 87, 181 (197). 83, 238 (295); 57, 295 (319).

15 Vgl. nur *Dörr*, „Ein Grundrecht der Medienfreiheit – Gleiches Recht für alle?“, K&R-Beihefter 2, 2013, 9 ff.

16 Siehe hierzu *Gersdorf*, Grundzüge des Rundfunkrechts: nationaler und europäischer Regulierungsrahmen“, Rn. 69, m.w.N.; *Ricker/Schiwy*, „Rundfunkverfassungsrecht“, B. Rn. 130 ff., m.w.N.; *Fink*, „Wem dient die Rundfunkfreiheit?“ DÖV 1992, 805 (806 ff.).

17 Vgl. *Schulz*, „Ziele und Anknüpfungspunkte für die zukünftige Medienregulierung“, Vortrag im Rahmen des DLM-Symposiums 2015 „Moderne Regulierung schaffen, Medienzukunft gestalten“ vom 19.03.2015, S. 2.

a) Bedeutung der Medien für die Demokratie

Die Tätigkeit von Medienunternehmen ist unbestreitbar (auch) Ausdruck der individuellen Freiheit Einzelner.[18] In einer demokratischen Gesellschaft geht ihre Bedeutung aber weit hierüber hinaus. Massenmedien verschaffen einer Vielzahl von Menschen eine Vielzahl von Informationen und schaffen so die Grundlage für einen demokratischen und politischen Willensbildungsprozess. Ihnen kommt damit eine über die individuelle Freiheitsentfaltung hinausgehende, im Interesse der Allgemeinheit liegende Funktion zu.[19]

Die Willensbildung in einem demokratischen Staat muss vom Volk zu den Staatsorganen, mithin „von unten nach oben" erfolgen.[20] Insbesondere der in Wahlen zum Ausdruck kommende Wille der Bürgerinnen und Bürger bestimmt entscheidend die zukünftigen gesellschaftlichen Rahmenbedingungen und die Bahnen, die der Staat einschlägt oder fortführt.[21] Allerdings ist nur der informierte, urteilsfähige und entscheidungsfreudige Bürger in der Lage, dieser ihm in einer Demokratie als „Staatsform der Hochkulturen"[22] zukommenden Verantwortung gerecht zu werden.[23] Notwendig ist eine ständige geistige Auseinandersetzung, ein geistiger Kampf der Meinungen,[24] der den Einzelnen in die Lage versetzt, politische und sachliche Zusammenhänge zu überblicken und sich so eine eigene Meinung zu bilden.

Ein solcher Kommunikationsprozess entsteht jedoch keineswegs aus sich heraus, sondern muss entfacht und am Leben gehalten werden.[25] Hierfür braucht es, gerade in modernen Demokratien, Akteure, die eine Plattform für den öffentlichen Diskurs bieten. Das BVerfG hat diese Rolle schon früh den Massenmedien, insbesondere der Presse, zugeschrieben. Das Gericht führt zu Recht aus:

---

18 Für die Presse: BVerfGE 20, 162 (175).

19 Für die Presse: BVerfGE a.a.O.

20 Vgl. BVerfGE 20, 58 (99).

21 *Dörr/Deicke*, „Positive Vielfaltsicherung – Bedeutung und zukünftige Entwicklung der Fensterprogramme für die Meinungsvielfalt in den privaten Fernsehprogrammen, Studie des Mainzer Medieninstituts, Mainz 2015, S. 20.

22 *P. Kirchhof*, „Der Öffentlichkeitsauftrag des öffentlichen Rundfunks als Befähigung zur Freiheit", in: Abele/Fünfgeld/Riva (Hrsg.), Werte und Wert des öffentlich-rechtlichen Rundfunks in der digitalen Zukunft, Potsdam 2001, S. 9 ff.; eingehend dazu auch *Dörr/S. Schiedermair*, „Die zukünftige Finanzierung der deutschen Universitäten", Forum, Schriftenreihe des Deutschen Hochschulverbands, Heft 72, Bonn 2004, S. 13 ff.

23 Vgl. *P. Kirchhof*, a.a.O.

24 Vgl. BVerfGE 7, 198 (208).

25 *Dörr/Deicke*, „Positive Vielfaltsicherung – Bedeutung und zukünftige Entwicklung der Fensterprogramme für die Meinungsvielfalt in den privaten Fernsehprogrammen" ZUM 2015, 89 (93); vgl. auch *Dörr*, „Die Sicherung der Meinungsvielfalt und die Rolle des privaten Rundfunks", in: Sachs (Hrsg.), Der grundrechtsgeprägte Verfassungsstaat, Festschrift für Klaus Stern, S. 1358.

> [...] eine freie, regelmäßig erscheinende politische Presse [ist] für die moderne Demokratie unentbehrlich. Soll der Bürger politische Entscheidungen treffen, muß er umfassend informiert sein, aber auch die Meinungen kennen und gegeneinander abwägen können, die andere sich gebildet haben. Die Presse hält diese ständige Diskussion in Gang; sie beschafft die Informationen, nimmt selbst dazu Stellung und wirkt damit als orientierende Kraft in der öffentlichen Auseinandersetzung. In ihr artikuliert sich die öffentliche Meinung; die Argumente klären sich in Rede und Gegenrede, gewinnen deutliche Konturen und erleichtern so dem Bürger Urteil und Entscheidung.[26]

Diese besondere Stellung im Prozess der öffentlichen Willensbildung beschränkt sich gleichwohl nicht auf einzelne Mediengattungen. Mag ihr Einfluss auch von unterschiedlicher Art und unterschiedlichem Gewicht sein, bleiben die Medien insgesamt „für die freie individuelle und öffentliche Meinungsbildung, für Kritik und Kontrolle der öffentlichen Gewalt und für die Wahlentscheidung als demokratischen Grundakt des Volkes unerläßlich."[27]

Sind Massenmedien auf der einen Seite also unverzichtbare Plattform, mithin „Medium" des öffentlichen Willensbildungsprozesses, kommt ihnen in dieser Rolle auch das Potential zur bewussten oder unbewussten Beeinflussung des gesellschaftlichen Diskurses zu.[28] Ist es einerseits gerade Aufgabe von Massenmedien, Themen und Meinungen für den gesellschaftlichen Diskurs aufzubereiten und zu bündeln, bestimmen sie durch die hierzu notwendige Auswahl und Gewichtung maßgeblich, ob und wie meinungs- und gesellschaftsrelevante Inhalte durch die Bevölkerung wahrgenommen werden.[29] Sie schieben sich gewissermaßen wie ein Filter vor die Wahrnehmung der „Realität" durch ihr Publikum.[30] Diese „Meinungsmacht" stellt – jedenfalls potentiell – auch ein Risiko für die Willensbildung der Bürgerinnen und Bürger „in voller innerer Freiheit"[31] dar. Massenmedien sind daher zugleich auch „Faktoren" der öffentlichen Willensbildung.[32]

b) Gesetzgeberischer Handlungssauftrag zur Sicherung der Meinungsvielfalt

Ausgehend von der dargestellten Bedeutung der Medien als „Medium und Faktor" in einer demokratischen Gesellschaft kommt nach der verfassungsgerichtlichen Rechtsprechung dem Erhalt von Meinungsvielfalt in den Medien elementare Bedeutung

---

26 BVerfGE 20, 162 (174f.).
27 Für Rundfunk und Presse: BVerfGE 91, 125 (134).
28 Vgl. BVerfGE 12, 205 (260).
29 Vgl. BVerfGE 97, 228 (258).
30 Vgl. hierzu Abbildung 4–2 in *Jarren/Donges*, „Politische Kommunikation in der Mediengesellschaft: Eine Einführung", S. 87.
31 BVerfGE 25, 256 (265).
32 So ausdrücklich neben dem Rundfunk auch für die Presse BVerfGE 12, 205 (260).

zu.[33] Dabei gelte es, zunächst einen einseitigen Einfluss auf die öffentliche Willensbildung durch eine Konzentration publizistischer Macht zu verhindern, mithin der Entstehung vorherrschender Meinungsmacht vorzubeugen (sog. negative Vielfaltsicherung).[34] Die besondere Stellung des Rundfunks unter den Massenmedien mache dort überdies gesetzliche Regelungen im Sinne einer positiven Ordnung notwendig, welche inhaltlich gewährleistet, „dass die Vielfalt der bestehenden Meinungen in möglichster Breite und Vollständigkeit Ausdruck findet und dass auf diese Weise umfassende Information geboten wird“ (sog. positive Vielfaltsicherung).[35] Beide Elemente dienen dem übergeordneten Ziel der Sicherung der Meinungsvielfalt, sind aber, trotz einiger Berührungspunkte, in Ausgangspunkt und Zielsetzung grundverschieden.

Vorherrschende Meinungsmacht ist nach Auffassung des BVerfG gegeben, wenn ein „einseitiger[n], in hohem Maße ungleichgewichtiger[n] Einfluss[es] einzelner Veranstalter oder Programme auf die Bildung der öffentlichen Meinung“[36] festgestellt werden kann. Vorrangiges Ziel der Verhinderung vorherrschender Meinungsmacht ist somit nicht die Herstellung einer positiven Inhaltevielfalt. Vielmehr wird ausschließlich die tatsächliche Möglichkeit einzelner Akteure, den Prozess der öffentlichen Willensbildung maßgeblich zu beeinflussen,[37] in den Blick genommen. Ziel ist allein die Verhinderung von Strukturen, in denen Informationen und Inhalte nur noch über einen oder wenige Anbieter bereitgestellt werden.[38] Entscheidend ist daher vor allem, über welchen Verbreitungsweg meinungsrelevante Inhalte rezipiert werden, bzw. wer diese kontrolliert, nicht jedoch die Inhalte als solche.[39]

Konsequent fortgeführt bedeutet dies, dass eine „inhaltliche Einfalt“, also ein „more of the same“, kein Problem im Sinne der Verhinderung vorherrschender Meinungsmacht darstellt, solange diese (gleichen) Inhalte über eine Vielzahl an Quellen rezipiert werden. Umgekehrt muss jedoch ein einzelner, die Medien dominierender

---

33 BVerfGE 73, 118 (172).

34 Vgl. BVerfGE 73, 118 (159).

35 BVerfGE 57, 295 (320); BVerfGE 119, 181 (214) m.w.N. zur Rspr.

36 BVerfGE 73, 118 (160).

37 Vgl. *Neuberger/Lobigs*, „Die Bedeutung des Internets im Rahmen der Vielfaltssicherung – Gutachten im Auftrag der Kommission zur Ermittlung der Konzentration im Medienbereich (KEK)“, in: Schriftenreihe der Landesmedienanstalten Band 43, S. 17.

38 Zur einfachrechtlichen Umsetzung in § 26 RStV: *Peifer*, „Vielfaltssicherung im bundesweiten Fernsehen – Voraussetzungen und Grenzen einer Prüfung der medienrelevanten verwandten Märkte“, in: BLM-Schriftenreihe, Band. 82, S. 66; Vgl. hierzu auch *Kaase*, S. 21; *Schulz/Held*, „Die Zukunft der Kontrolle der Meinungsmacht“, Gutachten im Auftrag der Friedrich-Ebert-Stiftung, S. 23f.

39 So wohl auch *Kaase*, „Welche Aussagen erlauben die Zuschaueranteile über den Einfluß der Fernsehprogramme auf die Meinungsbildung?“, in: Schriftenreihe der Landesmedienanstalten, Band 13, S. 28, der zwischen „struktureller Vielfalt und „inhaltlicher Vielfalt“ unterscheidet.

Anbieter trotz seines möglicherweise inhaltlich vielfältigen Angebots ins Visier des Gesetzgebers geraten.

In dem Auftrag, vorherrschende Meinungsmacht zu verhindern, kommt vor allem das historisch bedingte Misstrauen gegenüber Informationsmonopolen zum Ausdruck.[40] Die negative Vielfaltsicherung soll daher vor allem zu einer strukturellen Brechung der Kontrolle über Inhalte führen.[41] Dabei hat der Gesetzgeber stets zu berücksichtigen, dass sich einmal eingetretene Vielfaltsdefizite nur schwer korrigieren lassen.[42] Es gilt daher, vorbeugend einer möglichen strukturellen Manifestierung von Meinungsmacht zu begegnen.

Dies kann im außenpluralen Kontext durch den Wettbewerb konkurrierender Anbieter erfolgen. In der Konsequenz kommt aber auch binnenplural zusammengesetzten Gremien, wie denen des öffentlich-rechtlichen Rundfunks, eine Funktion in diesem Sinne zu. So führt das BVerfG im Rahmen seiner Entscheidung zur Zusammensetzung der Aufsichtsgremien des Zweiten Deutschen Fernsehens (ZDF) vom 25. März 2014 aus:

> [...] seine Organisation als öffentlich-rechtliche Anstalt mit einer binnenpluralistischen Struktur, bei welcher der Einfluss der in Betracht kommenden Kräfte unter maßgeblicher Einbeziehung der Zivilgesellschaft intern im Rahmen von Kollegialorganen vermittelt wird [...] überlässt nicht allein einem Intendanten die Leitung der Geschäfte, sondern bindet diesen in eine umfassende Aufsicht durch plural zusammengesetzte Gremien ein und unterwirft ihn damit einer Kontrolle."[43]

Bezogen auf private Anbieter bedeutet dies aber trotzdem mehr, als die bloße Sicherstellung pluraler Anbietervielfalt.[44] Vielmehr ist eine Betrachtung von Meinungsmacht unter Beachtung der tatsächlichen Rezeption und Nutzung von Angeboten geboten, mithin also ergebnisbezogen vorzunehmen.[45] Es kann nicht allein darauf ankommen, wie groß die Zahl der Akteure auf Angebotsseite ist, dass also (theoretisch) auch andere Angebote zur Verfügung stehen. Meinungsmacht muss als Möglichkeit der tatsächlichen Beeinflussung des Prozesses öffentlicher Willensbildung begriffen werden.[46] Einen solchen Einfluss kann gleichwohl nur ein Anbieter haben, dessen Angebot auch tatsächlich nachgefragt wird. Insbesondere in einem so

40 Zu den historischen Hintergründen vgl. vertiefend *Holznagel/Dörr/Hildebrand*, „Elektronische Medien. Entwicklung und Regulierungsbedarf", S. 170.

41 Vgl. hierzu BVerfGE 97, 228 (258).

42 So BVerfGE 57, 295 (323); 73, 118 (160); 95, 163 (173); 119, 181 (217).

43 BVerfGE, 136, 9 (30).

44 Anders wohl *Cornils*, „Medienkonzentrationsrechtliche Entwicklungen in Bezug auf die Veranstaltung bundesweiten Fernsehens", in: Hohlfeld/Müller-Terpitz (Hrsg.), Medienkonzentrationskontrolle – Quo vadis?, S. 25.

45 Vgl. hierzu auch *Prat*, „Media Power", S. 4.

46 In diesem Sinne kann wohl auch der Begriff der „kommunikativen Chancengerechtigkeit" bei *Schulz/Held*, „Die Zukunft der Kontrolle der Meinungsmacht", Gutachten im Auftrag der Friedrich-Ebert-Stiftung, S. 56 verstanden werden.

differenzierten Medium wie dem Internet garantiert das bloße „Öffentlichmachen“ noch kein Massenpublikum.[47] Entscheidend ist daher also prinzipiell nicht die Anbieter-, sondern vielmehr eine „Rezeptionsvielfalt“.[48] Insofern stehen tatsächliche Rezeption und Meinungsmacht in einem unmittelbar kausalen Verhältnis.[49] Dies zeigen auch die aktuellen Erhebungen der KEK. Trotz einer stetig steigenden Zahl an Programmen im bundesweiten Fernsehen entfallen 90% der Fernsehnutzung auf lediglich vier Anbieter.[50]

Entsprechend der dargestellten Zielsetzung ist die Verhinderung vorherrschender Meinungsmacht für sich genommen nicht geeignet, dem gesetzgeberischen Auftrag der Sicherung von Meinungsvielfalt in den Medien vollumfänglich zu genügen. Allenfalls mittelbar kann erwartet werden, dass eine große Zahl von Anbietern auch zu einer entsprechend ausdifferenzierten Zahl unterschiedlicher Angebote und Meinungen, mithin auch inhaltlicher Vielfalt, führt.[51] In diesem Punkt ist *Cornils* zuzustimmen, der einem unmittelbaren Zusammenhang von Anbieterzahl und Inhaltevielfalt zumindest skeptisch gegenübersteht.[52] Auch das BVerfG hebt in seiner neueren Rechtsprechung für den Rundfunk hervor, dass auch eine Vervielfachung der Zahl der Programmangebote keine Gewähr für eine entsprechende publizistische Vielfalt bieten könne.[53]

---

47 Vgl. *Neuberger/Lobigs*, „Die Bedeutung des Internets im Rahmen der Vielfaltssicherung – Gutachten im Auftrag der Kommission zur Ermittlung der Konzentration im Medienbereich (KEK)“, in: Schriftenreihe der Landesmedienanstalten Band 43, S. 51.

48 Gerade die tatsächliche Konfrontation mit anderen, dem persönlichen Weltbild nicht entsprechenden Meinungen ist Kernbestandteil des Prozesses der individuellen und öffentlichen Meinungsbildungsprozesses. Andernfalls verkommt selbiger zu einem bloßen „Meinungsverstärkungsprozess“.

49 Vgl *Kaase*, „Welche Aussagen erlauben die Zuschaueranteile über den Einfluß der Fernsehprogramme auf die Meinungsbildung?“, in: Schriftenreihe der Landesmedienanstalten, Band 13, S. 20: *„Medienwirkungen lassen sich eindeutig beziehen auf den Zusammenhang bei einzelnen Personen zwischen konsumierten Inhalten und möglichen Einflüssen [...] auf die kausal nachgelagerten Kognitionen, Affekte und Verhaltensweisen dieser einzelnen Personen.“*

50 *KEK*, „Von der Fernsehzentrierung zur Medienfokussierung – Anforderungen an eine zeitgemäße Sicherung medialer Meinungsvielfalt, Bericht der Kommission zur Ermittlung der Konzentration im Medienbereich (KEK) über die Entwicklung der Konzentration und über Maßnahmen zur Sicherung der Meinungsvielfalt im privaten Rundfunk“, in: Schriftenreihe der Landesmedienanstalten, Band 49, S. 491.

51 Vgl. *Peifer*, „Vielfaltssicherung im bundesweiten Fernsehen – Voraussetzungen und Grenzen einer Prüfung der medienrelevanten verwandten Märkte“, in: BLM-Schriftenreihe, Band. 82, S. 33, m.w.N; a.A. *Cornils*, „Medienkonzentrationsrechtliche Entwicklungen in Bezug auf die Veranstaltung bundesweiten Fernsehens“, in: Hohlfeld/Müller-Terpitz (Hrsg.), Medienkonzentrationskontrolle – Quo vadis?, S. 37.

52 Siehe *Cornils*, a.a.O.

53 Vgl. BVerfGE 114, 371 (388).

Daher müssen neben die Instrumente zur Verhinderung vorherrschender Meinungsmacht Maßnahmen zur Sicherung einer positiven Inhaltevielfalt treten. Unter den Medien kommt dabei dem Rundfunk und dabei insbesondere dem Fernsehen nach Auffassung des BVerfG eine herausgehobene Stellung zu. Dieser habe wegen seiner „*Breitenwirkung, Aktualität und Suggestivkraft*“[54] die Rolle eines „Leitmediums“[55]. Er sei in besonderem Maße geeignet, auf den Prozess öffentlicher Willensbildung einzuwirken. Dies ergebe sich daraus, dass es dem Rundfunk in besonderer Weise möglich sei, aufgrund seiner Reichweite große Bevölkerungsteile zu beeinflussen („*Breitenwirkung*“[56]), Inhalte schnell, sogar zeitgleich, an die Rezipienten übertragen zu können („*Aktualität*“[57]) und durch die Kombination von Text und Ton, sowie im Fernsehen zusätzlich durch bewegte Bilder, Informationen den Anschein hoher Authentizität zu verleihen („*Suggestivkraft*“[58]).

Für den Bereich des Rundfunks ist der Gesetzgeber daher angehalten, durch materielle, organisatorische und Verfahrensregelungen[59] aktiv einen Zustand herzustellen, in dem „die Vielfalt der bestehenden Meinungen [...] in möglichster Breite und Vollständigkeit Ausdruck findet“.[60] Hierbei handelt es sich letztlich um einen Optimierungsauftrag.[61]

Müssen zu den Elementen negativer Vielfaltsicherung also noch weitere Maßnahmen hinzutreten, um dem übergeordneten Ziel umfassender Meinungsvielfalt in den Medien zu genügen, schmälert dies nicht ihre Bedeutung für die Verhinderung von Meinungsmonopolen. Verfehlt erschiene es daher, das Instrument der negativen Vielfaltsicherung als solches in Frage zu stellen, wie dies gelegentlich in der Literatur getan wird.[62] In der Zusammenschau zeigt sich vielmehr, dass beide Aspekte selbstständig nebeneinander stehen und gleichermaßen notwendig sind zur Erreichung von Meinungsvielfalt in den Medien. Kann auf der einen Seite strukturelle Vielfalt allenfalls mittelbar zu inhaltlicher Vielfalt führen, bieten Maßnahmen zur Sicherung positiver Inhaltevielfalt keine ausreichende Gewähr dafür, dass – jedenfalls potentiell – missbrauchsanfällige Informationsmonopole verhindert werden.

Möglicherweise widersprüchliche Bewertungen in der konkreten Rechtsanwendung stehen dem nicht entgegen. So ist zwar zuzugeben, dass gerade konglomerate

54 BVerfGE 31, 314 (325); 90, 60 (87); 97, 228 (256); 103, 44 (74); 114, 371 (387).
55 So BVerfGE 97, 228 (257).
56 BVerfGE 119, 181 (215).
57 BVerfGE 119, 181 (215).
58 BVerfGE 119, 181 (215).
59 BVerfGE 57, 295 (320).
60 BVerfGE 57, 295 (320).
61 Vgl. BVerfGE 12, 205 (262 f.); 57, 295 (321 f., 325 f.); 83, 238 (296, 315 f.); 90, 60 (94); 114, 371 (387), 119, 181 (214); 121, 30, (50); 136, 9 (28); st. Rspr.
62 So *Cornils*, „Medienkonzentrationsrechtliche Entwicklungen in Bezug auf die Veranstaltung bundesweiten Fernsehens“, in: Hohlfeld/Müller-Terpitz (Hrsg.), Medienkonzentrationskontrolle – Quo vadis?, S. 38, 58.

Zusammenschlüsse neben negativen auch positive Effekte mit sich bringen.[63] Medienübergreifende, sog. cross-mediale Konzentrationsbewegungen können sich mithin also auch positiv auf die allgemeine Vielfalt auswirken[64] oder, wie beispielsweise gerade im regionalen Pressebereich, zum grundsätzlichen Erhalt von Informationsangeboten sogar notwendig sein.[65] An der grundsätzlichen Notwendigkeit auch einer negativen Vielfaltsicherung im oben beschriebenen Sinne ändert dies aus Verfassungssicht nichts.[66] Vielmehr obliegt es dem Gesetzgeber, für die Anwendungspraxis Spielräume zu eröffnen, die eine normative, vom übergeordneten Ziel der Sicherung der Meinungsvielfalt getragene Gesamtabwägung zwischen Aspekten inhaltlicher und struktureller Vielfalt ermöglichen und zudem eine Berücksichtigung der berechtigten Interessen der betroffenen Unternehmen zulassen.[67]

c) Verhinderung vorherrschender Meinungsmacht dort, „wo sie entsteht"

Für den Gesetzgeber besteht vor diesem Hintergrund eine verfassungsrechtlich unbedingte Pflicht, vorbeugend die Entstehung vorherrschender Meinungsmacht zu verhindern.[68] Hinsichtlich der Mittel kommt ihm ein weiter Gestaltungsspielraum zu.[69] Diesen hat er jedoch so zu nutzen, dass das Entstehen vorherrschender Meinungsmacht möglichst effektiv verhindert wird.[70] Grenze jeder Ausgestaltung ist dabei jedenfalls die Nichteignung der ergriffenen Maßnahmen zur Zielerreichung.[71]

Dies umfasst insbesondere auch, dass der Gesetzgeber die einschlägigen Regelungsinstrumente an technische, publizistische oder allgemein gesellschaftliche

---

63 Siehe *Nothelfer*, „Wann behindern konglomerate Fusionen den Wettbewerb?", EuZW 2007, 332ff.; zustimmend *Cornils*, „Medienkonzentrationsrechtliche Entwicklungen in Bezug auf die Veranstaltung bundesweiten Fernsehens", in: Hohlfeld/Müller-Terpitz (Hrsg.), Medienkonzentrationskontrolle – Quo vadis?, S. 38.

64 Siehe die Beispiele bei *Cornils*, S. 39; Siehe auch Beispiele bei *Kluth/Schulz*, „Konvergenz und regulatorische Folgen. Gutachten im Auftrag der Rundfunkkommission der Länder", in: Arbeitspapiere des Hans-Bredow-Instituts Nr. 30, S. 44.

65 Vgl. *Kluth/Schulz*, a.a.O.

66 Anders schlussfolgert wohl *Cornils*, S. 41.

67 *Cornils*, S. 50, mahnt hier eine besondere Zurückhaltung an.

68 Vgl. *Kluth/ Schulz*, S. 54.

69 Siehe *Dörr*, „Die Sicherung der Meinungsvielfalt und die Rolle des privaten Rundfunks", in: Sachs (Hrsg.), Der grundrechtsgeprägte Verfassungsstaat, Festschrift für Klaus Stern, S. 1354; vgl. auch *Kluth/ Schulz*, a.a.O.

70 BVerfGE 83, 238 (324).

71 Vgl. *Cornils*, „Medienkonzentrationsrechtliche Entwicklungen in Bezug auf die Veranstaltung bundesweiten Fernsehens", in: Hohlfeld/Müller-Terpitz (Hrsg.), Medienkonzentrationskontrolle – Quo vadis?, S. 41; *Hain*, „Die zeitlichen und inhaltlichen Einschränkungen der Telemedienangebote von ARD, ZDF und Deutschlandradio nach dem 12. RÄndStV", Rechtsgutachten für ARD, ZDF und Deutschlandradio, S. 50f.

Veränderungen anpasst.[72] Es gilt daher die Entstehung vorherrschender Meinungsmacht nicht nur im Rundfunk, sondern vielmehr auch medienübergreifend zu verhindern. Es müssen alle modernen Massenkommunikationsmittel, „durch die Einfluß auf die öffentliche Meinung genommen und diese öffentliche Meinung mitgebildet wird"[73] in den Blick genommen werden. Das BVerfG hat nachdrücklich betont, dass sich vorherrschende Meinungsmacht vor allem auch durch das Zusammenwirken verschiedener Massenmedien entwickeln kann[74].

Nicht ausschlaggebend ist dabei, dass eine monopolartige Situation im Medienbereich – jedenfalls im überregionalen Maßstab – bisher noch nicht eingetreten ist.[75] Zum einen kann dieser Befund schon seit längerem für den regionalen Pressemarkt nicht mehr gelten,[76] zum anderen gilt es von Verfassung wegen zu berücksichtigen, dass einmal eingetretene Vielfaltsdefizite nur schwer korrigierbar sind.[77] Der Gesetzgeber ist insoweit verpflichtet, Vorkehrungen zu treffen, welche geeignet sind, einer solchen Entwicklung präventiv entgegenzuwirken.[78]

Im Ergebnis geht das BVerfG aber sogar über eine cross-mediale Betrachtung hinaus, wenn es formuliert:

> „[...] doch ließe sich etwa auch an eine Pflicht des Staates denken, Gefahren abzuwehren, die einem freien Pressewesen aus der Bildung von Meinungsmonopolen erwachsen könnten."[79]

Dem kann vor dem Hintergrund des verfolgten Ziels der Verhinderung vorherrschender Meinungsmacht nur zugestimmt werden. Soll verhindert werden, dass einzelne Akteure einen so gewichtigen Einfluss auf den öffentlichen Willensbildungsprozess erhalten, dass sie diesen manipulieren können, kann es nicht darauf ankommen, über welche mediale Verbreitungsform dies geschieht.[80] Der Gesetzgeber muss daher Regelungen vorsehen, die sowohl mono- also auch cross-medial bedingten Risiken effektiv begegnen können. Dies gilt jedenfalls dann, wenn das Verhältnis einzelner Verbreitungsformen

72 *Kluth/ Schulz*, „Konvergenz und regulatorische Folgen. Gutachten im Auftrag der Rundfunkkommission der Länder", in: Arbeitspapiere des Hans-Bredow-Instituts Nr. 30, S.56.

73 BVerfGE 12, 205 (260).

74 BVerfGE 73, 118 (175); 83, 238 (324).

75 So für die Presse festgestellt in BVerfGE 73, 118 (176).

76 Bereits 1986 hat das BVerfG in weiten Teilen des lokalen und regionalen Zeitungsmarkts Monopole festgestellt, vgl. BVerfGE 73, 118 (175); vgl. auch Vgl. auch *Holznagel/Dörr/Hildebrand*, „Elektronische Medien. Entwicklung und Regulierungsbedarf", S. 199, m.w.N.

77 So BVerfGE 57, 295 (323); 73, 118 (160); 95, 163 (173); 119, 181 (217).

78 BVerfGE 73, 118 (172).

79 BVerfGE 20, 162 (175f.).

80 Vgl. auch *Cornils*, „Medienkonzentrationsrechtliche Entwicklungen in Bezug auf die Veranstaltung bundesweiten Fernsehens", in: Hohlfeld/Müller-Terpitz (Hrsg.), Medienkonzentrationskontrolle – Quo vadis?, S. 49.

zueinander in einer sich zunehmend rasanter verändernden Medienwelt immer unklarer zu bestimmen und für die Zukunft zu prognostizieren ist und in der Folge insbesondere das Fernsehen seine meinungsbildende Sonderrolle zunehmend einbüßt.[81]

Vor diesem Hintergrund gehen die Ausführungen des Bundesverwaltungsgerichts (BVerwG) in seiner Entscheidung zu der von der KEK untersagten Fusion der ProSiebenSat.1 Media AG und der Axel Springer AG fehl, wenn dort festgestellt wird, dass der Gesetzgeber nicht verpflichtet sei, Meinungsmacht allgemein, unabhängig der sich daraus ergebenden Folgen für die Meinungsmacht im Fernsehen zu kontrollieren.[82]

Bereits von Verfassung wegen sind Maßnahmen gefordert, die vorherrschende Meinungsmacht dort bekämpfen, „wo sie entsteht". Dies schließt eine unterschiedliche Gewichtung einzelner Aktivitäten in keiner Weise aus,[83] eine unnötige und mit Blick auf eine zunehmend entgrenzte und konvergente Medienwelt nur schwer zu rechtfertigende Verengung des Blickwinkels gilt es jedoch zu vermeiden.

2. Einfachrechtliche Ausgestaltung in § 26 Abs. 1 und 2 RStV

Für die Bewertung der Modelle zur Erfassung von Meinungsmacht ist, über die Ebene des Verfassungsrechts hinaus, eine Betrachtung der einfachrechtlichen Umsetzung notwendig. Diese ist wesentlich in § 26 Abs. 1 und 2 RStV erfolgt. Im Folgenden soll daher zunächst eine Betrachtung der historischen Entwicklung der Medienkonzentrationskontrolle bis hin zur aktuellen Fassung des § 26 RStV erfolgen (a)). Anschließend werden auf dieser Grundlage Konzeption und Zielsetzung des geltenden Medienkonzentrationsrechts näher beleuchtet (b)). Insbesondere das Modell der KEK ist konzeptionell auf eine Bewertung „im Rahmen der gesetzlichen Regelungen"[84] ausgerichtet, mithin auf das Medienkonzentrationsrecht de lege lata.[85] Es ist damit gewissermaßen

---

81 Vgl. *Dörr/Natt*, „Suchmaschinen und Meinungsvielfalt – Ein Beitrag zum Einfluss von Suchmaschinen auf die demokratische Willensbildung", ZUM 2014, 829 (846).

82 BVerwG ZUM-RD 2014, 454 (459).

83 Eine solche wird man angesichts der weitreichenden Eingriffsbefugnisse, die das Medienkonzentrationsrecht vorsieht, mit Blick auf die unterschiedlichen Einflusspotentiale verschiedener Medien wohl auch fordern müssen.

84 *Hasebrink*, „Kommunikationswissenschaftliches Gutachten für die Kommission zur Ermittlung der Konzentration im Fernsehbereich (KEK)", in: Schriftenreihe der Landesmedienanstalten, Band 35, S. 96.

85 Dies zeigt sich beispielsweise darin, dass dort für die Einbeziehung und Gewichtung eines „medienrelevanten Marktes" dessen „Grad von Verwandtschaft" mit dem bundesweiten Fernsehen als maßgeblich betrachtet wird, vgl. *KEK*, „Von der Fernsehzentrierung zur Medienfokussierung – Anforderungen an eine zeitgemäße Sicherung medialer Meinungsvielfalt, Bericht der Kommission zur Ermittlung der Konzentration im Medienbereich (KEK) über die Entwicklung der Konzentration und über Maßnahmen zur Sicherung der Meinungsvielfalt im privaten Rundfunk", in: Schriftenreihe der Landesmedienanstalten, Band 49, S. 54.

„Produkt“ der Festlegungen und Entscheidungen des Rundfunkgesetzgebers, denen somit bei der Einordnung der Modelle entscheidende Bedeutung zukommt.

Die folgenden Betrachtungen machen jedoch auch deutlich, dass insbesondere die Frage, wie Medien- und Meinungsmacht methodisch erfasst werden können, nicht erst in einer konvergenten Medienwelt bedeutsam geworden ist, sondern die Debatte um das Medienkonzentrationsrecht im Grunde von Anfang an begleitet hat. Es zeigt sich vielmehr in fast erschreckender Weise, dass die bereits vor gut zwanzig Jahren vorgetragenen Argumente nach wie vor von ungebrochener Aktualität sind.

a) Entstehungsgeschichte

Die Liste der Änderungen des Rundfunkstaatsvertrages seit Inkrafttreten des „Staatsvertrags zur Neuordnung des Rundfunkwesens“ der Länder von 1987 ist lang. Der Fassung Anfang 2016 liegt bereits der 18. RÄStV zugrunde.[86] Zahlreiche Veränderungen von Technik und Gesellschaft sind im Laufe der Zeit in das Regelwerk eingeflossen, so etwa im 15. RÄStV durch die Einführung einer Wohnungsabgabe anstelle der bis dato gültigen Rundfunkgebühr als Reaktion auf veränderte Gewohnheiten in der Mediennutzung der Bevölkerung. Zuvor wurden durch den 11. RÄStV beispielsweise Regelungen für Internetangebote der öffentlich-rechtlichen Rundfunkanstalten eingeführt. Auch der europäische Einigungsprozess ist nicht spurlos an der deutschen Medienordnung vorbeigegangen. Mit dem 12. und 13. RÄStV wurde die „Richtlinie über audiovisuelle Mediendienste“[87] in deutsches Recht umgesetzt, die neben einer Modifikation des Rundfunkbegriffs mit der Einführung von Produktplatzierungen vor allem veränderten Bedingungen des Werbemarktes Rechnung trug. Mit Wirkung zum 1. Oktober 2016 schafft der 19. RÄStV die rechtliche Grundlage für das von den in der ARD zusammengeschlossenen Rundfunkanstalten zusammen mit dem ZDF geplante Online-Jugendangebot.[88]

Umso erstaunlicher ist, dass das Grundkonzept zur Kontrolle von Konzentration im Medienbereich, trotz der allgegenwärtigen Veränderungen der Medienlandschaft, seit dem 3. RÄStV aus dem Jahr 1996 unverändert geblieben ist. Der auch heute noch gültige Maßstab für die Beurteilung medialen Beeinflussungspotentials

---

86 Dem 1. RÄStV gingen der erwähnte „Staatsvertrag zur Neuordnung des Rundfunkwesens“ der Länder von 1987 sowie der „Staatsvertrag über den Rundfunk im vereinten Deutschland“ von 1991 voraus. Der 14. RÄStV wurde nicht von allen Bundesländern ratifiziert und wurde damit nach Art. 4 Abs. 2 RÄStV gegenstandlos.

87 Richtlinie 2010/13/EU des europäischen Parlaments und des Rates vom 10.03.2010 zur Koordinierung bestimmter Rechts- und Verwaltungsvorschriften der Mitgliedstaaten über die Bereitstellung audiovisueller Mediendienste (Richtlinie über audiovisuelle Mediendienste).

88 Vgl. hierzu vertiefend „Das Jugendangebot von ARD ZDF – Konzept zur Vorlage bei der Rundfunkkommission der Länder am 18. Juni 2015“, online abrufbar unter http://www.horizont.net/news/media/14/Jugendangebot-von-ARD-und-ZDF-134554.pdf.

stammt damit aus einer Zeit in der eines der in Deutschland heute meistzitierten[89] Online-Medien „Spiegel Online" noch keine zwei Jahre existierte und derzeit die Schlagzeilen dominierende Unternehmen wie „Google",[90] „Facebook"[91] oder Portale wie „YouTube"[92] noch nicht einmal gegründet waren.

Gleichwohl sah bereits der „Staatsvertrag zur Neuordnung des Rundfunkwesens" der Länder von 1987 im damaligen Art. 8 Abs. 5 eine zahlenmäßige Begrenzung zum Betrieb von Fernseh- und Hörfunkprogrammen, mithin also ein medienkonzentrationsrechtliches Element vor. Ausweislich der Begründung zum Staatsvertrag sollte ausdrücklich „der Entstehung vorherrschender Meinungsmacht im Rundfunk und der Gefahr einer Konzentration entgegengewirkt werden".[93] In seinem Anwendungsbereich bezog sich dieses bis zum 2. RÄStV[94] von 1991 beibehaltene „Beteiligungsmodell"[95] jedoch ausschließlich auf den Bereich des Hörfunks und des Fernsehens. Andere Mediengattungen, wie beispielsweise die Presse, nahm die Regelung in keiner Weise in den Blick, weder direkt noch im Rahmen vertikaler oder medienübergreifender Konzentration.[96]

Erst mit dem 3. RÄStV aus dem Jahr 1996[97] wurde das Medienkonzentrationsrecht konzeptionell auf eine neue, auch heute noch Geltung beanspruchende, Basis gestellt.[98] Insbesondere die zunehmende Praxis zur Bildung von Gemeinschaftsunternehmen und Senderfamilien Anfang der 1990er-Jahre hatten die Schwächen des Beteiligungsmodells offen zu Tage treten lassen:[99] Seine im Grunde ausschließlich

89 PMG Presse-Monitor, PMG Zitate-Ranking 2013, S. 3, online abrufbar unter http://www.pressemonitor.de/fileadmin/assets/pmg/Pressemitteilungen/2014-01-13_PMG_Zitate-Ranking_2013.pdf.

90 Die Domain „google.com" wurde am 15.09.1997 registriert, vgl. Google, „Unternehmensgeschichte im Detail", online abrufbar unter https://www.google.com/about/company/history/.

91 Gegründet am 04.02.2004, vgl. „Über Facebook", online abrufbar unter https://www.facebook.com/facebook/info/?tab=page_info.

92 Seinen Betrieb nahm die Online-Videoplattform im Mai 2005 auf, vgl. „About YouTube", online abrufbar unter https://www.youtube.com/yt/about/.

93 Begründung zum Staatsvertrag zur Neuordnung des Rundfunkwesens, Zu Artikel 8, online abrufbar unter http://www.urheberrecht.org/law/normen/rstv/RStV-00a-1987/materialien/begruendung_B_03.php3.

94 Dort in § 21 RStV.

95 *Hain*, „Vorherrschende Meinungsmacht i.S.d. § 26 Abs. 1, 2 RStV – Die Kontroverse um ‚quantitative' oder ‚qualitative' Bestimmung", MMR 2000, 537 (537).

96 So auch *Clausen-Muradian*, „Konzentrationskontrolle im privaten Rundfunk – Der neue Rundfunkstaatsvertrag (RfStV) 1997", ZUM 1996, 934 (935) m.w.N.

97 In Kraft getreten am 01.01.1997.

98 Vgl. *Hain*, a.a.O., siehe auch *Trute* in: Hahn/Vesting, Beck'scher Kommentar zum Rundfunkrecht, RStV § 26, Rn. 1.

99 Vgl. *Ukrow*, in: Heidelberger Kommentar zum Rundfunkstaatsvertrag, B1, Rn. 112, ausführlich hierzu *Clausen-Muradian*, „Konzentrationskontrolle im privaten Rundfunk – Der neue Rundfunkstaatsvertrag (RfStV) 1997", ZUM 1996, 934 (935).

an ökonomisch geprägten Zusammenschlusstatbeständen ausgerichtete Konzeption lud geradezu zu gesellschaftsrechtlichen Umgehungskonstruktionen ein. Publizistisches Meinungsbeeinflussungspotenzial, mithin also „Meinungsmacht" hatte die Regelung nie direkt als Anknüpfungspunkt verstanden und konnte diese daher auch lediglich mittelbar in den Blick nehmen.[100] Die Abkehr von einem starren, auf die zahlenmäßige Beschränkung von Beteiligungen ausgerichteten Modell[101] war überdies aber auch notwendig, um Fragen cross-medialer Zusammenarbeit und Konzentration sinnvoll begegnen zu können.[102]

Um dem verfassungsgerichtlich formulierten Auftrag, Meinungsvielfalt in den Medien zu sichern, nachzukommen,[103] musste in der Folge also ein methodisch neuer Ansatz gefunden werden, der zum einen Meinungseinfluss stärker in den Blick nahm und gleichzeitig die notwendige Flexibilität bot, um den sich rasant verändernden technischen wie wirtschaftlichen Rahmenbedingungen gerecht zu werden.[104] Mangels unmittelbarer Messbarkeit von Meinungsmacht gewann dabei vor allem die Frage an Bedeutung, aus welchem Messwert zumindest näherungsweise auf Meinungseinfluss geschlossen werden kann, um diesen anschließend zur Grundlage eines reformierten Medienkonzentrationsrechts machen zu können.

In der Folge rückten daher verschiedene Modelle in den Mittelpunkt der Debatte, die diesen Gedanken aufgriffen. Der wesentliche Unterschied bestand dabei vor allem in der Wahl des als Gradmesser für den Meinungseinfluss zugrunde gelegten Indizes. Teilweise werden diese Modelle übergreifend als „Marktanteilsmodelle" bezeichnet.[105]

---

100 So wohl auch *Clausen-Muradian*, ZUM 1996, 934 (943); Auch *Peifer* misst (in Abgrenzung zur kartellrechtlichen Fusionskontrolle) „Meinungsbildungsmacht" eine eigenständige Bedeutung gegenüber der rein ökonomisch-wettbewerbsrechtlichen Betrachtungsweise bei, siehe *Peifer*, „Vielfaltssicherung im bundesweiten Fernsehen – Voraussetzungen und Grenzen einer Prüfung der medienrelevanten verwandten Märkte", in: BLM-Schriftenreihe, Band. 82, S. 66.

101 Ein solches wäre im Ergebnis auch das im Rahmen der Reformdebatte diskutierte Modell „One man – one show" gewesen. Vgl hierzu ausführlich *Wulff*, „Abschied vom »one man/one show« – Prinzip in der Diskussion um die Medienkonzentrationskontrolle?", ZUM 1997, 543 ff.; Auch das von der schleswig-holsteinischen Landesregierung vorgeschlagene „Marktzugangsmodell" sollte dieses Modell lediglich weiterentwickeln, an der grundsätzlichen Konzeption aber festhalten. Vgl. hierzu *Clausen-Muradian*, ZUM 1996, 934 (938); vgl. auch *Schulz/Held*, „Die Zukunft der Kontrolle der Meinungsmacht", Gutachten im Auftrag der Friedrich-Ebert-Stiftung, S. 38.

102 So auch *Trute*, in: Hahn/Vesting, Beck'scher Kommentar zum Rundfunkrecht, § 26 RStV, Rn. 16, m.w.N.

103 BVerfGE 73, 118, 160.

104 Folgerichtig bezeichnen *Schulz/Held*, „Die Zukunft der Kontrolle der Meinungsmacht", Gutachten im Auftrag der Friedrich-Ebert-Stiftung, S. 37 die Rückkehr zu einem Beteiligungsmodell auch als lediglich „theoretisch denkbare Alternative.

105 *Trute*, in: Hahn/Vesting, Beck'scher Kommentar zum Rundfunkrecht, § 26 RStV, Rn. 17.

Da hierbei „Marktanteile" im Sinne des Wettbewerbsrechts[106] jedoch nur teilweise herangezogen wurden (siehe im Folgenden), wären sie, der dargelegten Grundüberlegung nach, mit dem Begriff „Indizienmodelle" aber wohl treffender umschrieben.

aa) Das Zuschaueranteilsmodell

Wenngleich nie ohne Kritik geblieben,[107] konnte von Anfang an das sog. Zuschaueranteilsmodell die meisten Anhänger hinter sich vereinen.[108] Danach sollten sowohl die Veranstaltung von Fernsehprogrammen als auch Beteiligungen an Programmveranstaltern zahlenmäßig unbegrenzt möglich sein, solange nicht ein bestimmter Zuschaueranteil überschritten wird.[109] Meinungsmacht eines Fernsehveranstalters sollte hiernach daran gemessen werden, welcher Anteil an der Gesamtsehdauer der Bevölkerung den Programmen zukommt, die dem Veranstalter zuzurechnen sind. Die entscheidende Überlegung dieses Modells bestand dabei darin, dass vor allem die Zahl der Menschen, die mit einem bestimmten Fernsehprogramm Kontakt haben und die Länge dieser Kontakte, mithin also seine tatsächliche Rezeption, aussagekräftige Rückschlüsse auf das Meinungsbeeinflussungspotential des Veranstalters zulassen. Umso ausgeprägter die Reichweite eines einzelnen Anbieters in diesem Sinne ist, je stärker sich die Rezeption von Inhalten also auf einen Anbieter konzentriert, umso höher sei sein Beeinflussungspotential, mithin seine Meinungsmacht einzuschätzen.[110] Keine Berücksichtigung sollten dagegen die Art der Nutzung sowie die übertragenen Inhalte finden.[111]

Von zentraler Bedeutung sowie Auslöser für Kritik war in der Folge die Frage, welcher „Gesamtmarkt" einer solchen Beurteilung zugrunde gelegt werden soll, was also die relevante Gesamtheit sein sollte, innerhalb der die von den Unternehmen erreichten Zuschaueranteile zu bestimmen sein sollten.[112] So führe beispielsweise ein bundesweiter Maßstab gegenüber regionalen „Teilmärkten" zu teils erheblichen Unterschieden in der Bewertung. In der Folge könne der Maßstab daher auch nicht

---

106 Umfassend zur Marktabgrenzung im Wettbewerbsrecht: *Fuchs/Möschel*, in: Immenga/Mestmäcker, Wettbewerbsrecht, Band 2, § 18 Rn. 29ff.

107 Vgl. nur *Clausen-Muradian*, „Konzentrationskontrolle im privaten Rundfunk – Der neue Rundfunkstaatsvertrag (RfStV) 1997", ZUM 1996, 934 (943ff.).

108 Vgl. *Ukrow*, in: Heidelberger Kommentar zum Rundfunkstaatsvertrag, B1, Rn. 112, vgl. auch *Clausen-Muradian*, ZUM 1996, 934 (936).

109 Vgl. *Trute*, in: Hahn/Vesting, Beck'scher Kommentar zum Rundfunkrecht, § 26 RStV, Rn. 18, m.w.N.

110 Vgl. *Hasebrink*, „Informationsrepertoires der deutschen Bevölkerung", in: Arbeitspapiere des Hans-Bredow-Instituts Nr. 24, S. 96.

111 Vgl. *Hasebrink* S. 95; So auch *Peifer*, „Vielfaltssicherung im bundesweiten Fernsehen – Voraussetzungen und Grenzen einer Prüfung der medienrelevanten verwandten Märkte", in: BLM-Schriftenreihe, Band. 82, S. 29.

112 *Clausen-Muradian*, „Konzentrationskontrolle im privaten Rundfunk – Der neue Rundfunkstaatsvertrag (RfStV) 1997", ZUM 1996, 934 (944).

pauschal gewählt werden, sondern müsse dem jeweiligen Zweck entsprechend normativ bestimmt werden.[113]

Kritik wurde auch an der Pauschalität des Modells geäußert. Zuschaueranteile würden im Grunde unterschiedslos und ohne Ansehung der ihnen zugrundeliegenden Inhalte gegenübergestellt. Dies werde der unterschiedlichen Meinungsbildungsrelevanz verschiedener Programminhalte nicht gerecht. So seien die Zuschaueranteile, welche beispielsweise durch die Beteiligung an einem Sportspartenprogramm erlangt wurden, in Bezug auf ihre Meinungsbildungsrelevanz nicht mit denen eines Vollprogramms zu vergleichen.[114] Gleichwohl die grundsätzliche Relevanz von Publikumskontakten für den Meinungseinfluss kaum bestritten werden kann und dies in der Reformdebatte soweit erkennbar auch nicht wurde,[115] wurden auch in der Medienwirkungsforschung Zweifel an der Aussagekraft eines derart pauschalen Maßstabs geäußert. So stellte der Politikwissenschaftler und Soziologe *Max Kaase* bereits im Jahr 1998 in einem Gutachten für die Landesmedienanstalten fest, dass sich beispielsweise „die Sehzeiten der Bevölkerung nach Alter dramatisch unterscheiden."[116] Es liege daher „auf der Hand, daß verschiedene Gruppen der Bevölkerung ganz unterschiedlich zu den aggregierten Anteilswerten der Programmveranstalter beitragen."[117] In der Folge sei die Frage „nach der Validität von Zuschaueranteilen für die Bestimmung von Meinungsvielfalt [...] negativ zu beantworten."[118]

Kritik kam überdies daran auf, dass andere, die Einflussmöglichkeiten eines Unternehmens bestimmende Faktoren, wie beispielsweise seine Finanzstärke, aber gerade auch medienübergreifende Aktivitäten in keiner Weise in den Blick genommen werden.[119] Insoweit ist zuzugeben, dass gerade die methodische Fixierung auf Zuschaueranteile im Fernsehen von vornherein allenfalls geeignet sein konnte, Meinungsmacht von Fernsehveranstaltern zu bewerten. Aussagen zum

---

113 Vgl. hierzu das Beispiel bei *Engel*, „Die Messung der Fernsehnutzung als Voraussetzung eines Marktanteilsmodells", ZUM 1995, 653 (654), der zu Recht das unterschiedliche Beeinflussungspotential eines Regionalmediums für die Bundes- und Regionalpolitik betont.

114 So *Clausen-Muradian*, „Konzentrationskontrolle im privaten Rundfunk – Der neue Rundfunkstaatsvertrag (RfStV) 1997", ZUM 1996, 934 (944).

115 Vgl. Übersicht bei *Peifer*, „Vielfaltssicherung im bundesweiten Fernsehen – Voraussetzungen und Grenzen einer Prüfung der medienrelevanten verwandten Märkte", in: BLM-Schriftenreihe, Band. 82, S. 28, 40, m.w.N.

116 *Kaase*, „Welche Aussagen erlauben die Zuschaueranteile über den Einfluß der Fernsehprogramme auf die Meinungsbildung?", in: Schriftenreihe der Landesmedienanstalten, Band 13, S. 17 (36).

117 *Kaase*, a.a.O.; So auch *Schulz/Held*, „Die Zukunft der Kontrolle der Meinungsmacht", Gutachten im Auftrag der Friedrich-Ebert-Stiftung, S. 24.

118 *Kaase*, a.a.O.

119 So *Clausen-Muradian*, „Konzentrationskontrolle im privaten Rundfunk – Der neue Rundfunkstaatsvertrag (RfStV) 1997", ZUM 1996, 934 (944). Auch *Kaase*, S. 44f. weist hierauf hin und bezweifelt die Zukunftsfähigkeit eines solchen monomedialen Ansatzes.

Meinungsbeeinflussungspotential von Aktivitäten in verwandten Mediengattungen (z.B. Hörfunk oder Presse) oder auf in der Produktionskette vor- und nachgelagerten Märkten (z.B. Produktion, Rechtehandel oder Vertrieb) konnte dieses Modell bereits seiner Konzeption nach nicht liefern.

bb) Das Mediennutzungsmodell

Insbesondere letzterem versuchte das sog. Mediennutzungsmodell zumindest in Teilen Rechnung zu tragen. Anders als beim „reinen“ Zuschaueranteilsmodell sollten hiernach über die monomediale Betrachtung des Fernsehens hinaus auch andere Mediengattungen, insbesondere im Bereich der Presse, in den Blick genommen werden.[120] Teilweise wurde auch gefordert, vor- und nachgelagerte Märkte außerhalb des Content-Bereichs in die Bewertung aufzunehmen.[121]

Grundsätzlich wurde damit die meinungsbeeinflussende Wirkung anderer Medien anerkannt und, anders als im „reinen“ Zuschaueranteilsmodell, auch konzeptionell berücksichtigt. Neben einem grundsätzlichen Verbot cross-medialer Beteiligungen auf nationaler oder zumindest regionaler Ebene[122] wurde vorgeschlagen, die nach dem Zuschaueranteilsmodell zulässigen Anteilsgrenzen für solche Unternehmen abzusenken, die gleichzeitig im Pressesektor einen bestimmten Marktanteil erreichen.[123] Zum Tragen kommen sollten diese Überlegungen jedoch lediglich bei einer Beteiligung von Fernsehveranstaltern. Der Stellung von Unternehmen auf benachbarten Medienmärkten, insbesondere im Bereich der Presse, sollte damit gegenüber den im Fernsehen erreichten Zuschaueranteilen lediglich ergänzende Funktion, ohne eigenständige Bedeutung zukommen. Auch der Vorschlag eines Mediennutzungsmodells blieb damit, trotz aller Modifikationen, methodisch wie strukturell fernsehbasiert.

cc) Das Werbemarktanteilsmodell

Am ehesten an Marktanteilen im wettbewerbsrechtlichen Sinne orientierte sich das von *Kübler* vorgeschlagene sog. Werbemarktanteilsmodell.[124] Maßstab für die Bewertung von Meinungsmacht sollten danach die erzielten Werbeerlöse, unabhängig von der einschlägigen Mediengattung sein.[125] Medien befänden sich danach,

---

120 Vgl. *Trute*, in: Hahn/Vesting, Beck'scher Kommentar zum Rundfunkrecht, § 26 RStV, Rn. 19.

121 Vgl. *Clausen-Muradian*, „Konzentrationskontrolle im privaten Rundfunk – Der neue Rundfunkstaatsvertrag (RfStV) 1997“, ZUM 1996, 934 (937).

122 Vgl. *Trute*, in: Hahn/Vesting, a.a.O., m.w.N.

123 Vgl. *Trute*, in: Hahn/Vesting, a.a.O.

124 *Kübler*, „Konzentrationskontrolle des bundesweiten Rundfunks“, in: Schriftenreihe der Landesmedienanstalten, S. 312.

125 Vgl. *Trute*, in: Hahn/Vesting, Beck'scher Kommentar zum Rundfunkrecht, § 26 RStV, Rn. 21, m.w.N.

unabhängig von ihrer Verbreitungsform, als Werbeträger in direkter Konkurrenz zueinander.[126] Das Werbemarktanteilsmodell geht davon aus, dass die Werbewirtschaft ihre Entscheidung über die Verteilung von Werbegeldern im Wesentlichen davon abhängig macht, wieviele Menschen über das jeweilige Angebot erreicht werden können.[127] Insoweit misst auch das Werbemarktanteilsmodell den bereits dem Zuschaueranteilsmodell zugrundeliegenden Publikumskontakten entscheidende Bedeutung bei. Über das Heranziehen der Werbeerlöse sollte gleichwohl ein allgemeingültiger Vergleichsmaßstab hergestellt werden, der die schwierige Abgrenzung relevanter Märkte – jedenfalls auf den ersten Blick – überflüssig macht[128] und so eine medienübergreifende Bewertung von Meinungsmacht, sowie die flexiblere Erfassung vertikaler Integration und intermediärer Konzentration[129] ermöglicht. Überdies spiegele der Werbemarktanteil auch das wirtschaftliche Potential eines Anbieters als Grundlage für dessen publizistischen Einfluss wider.[130]

Gleichwohl stieß dieses Modell überwiegend auf Ablehnung.[131] Kritisiert wurde, dass Werbeerlöse zwar grundsätzlich in allen Mediengattungen eine Rolle spielen, ihre Bedeutung sich aber in Bezug auf einzelne Akteure erheblich unterscheide. Im Bereich des Fernsehens würden in Anwendung dieses Modells beispielsweise private Veranstalter, die sich ausschließlich über Werbung finanzieren, überbetont, während das Einflusspotential anderer Anbieter, die sich wie der öffentlich-rechtliche Rundfunk oder im Pay-TV überwiegend aus anderen Quellen finanzieren, unterrepräsentiert zur Geltung komme.[132]

Überdies bestehe der behauptete Kausalzusammenhang zwischen Werbeerlösen und Publikumskontakten nur eingeschränkt. Die Werbewirtschaft nehme gerade nicht eine möglichst hohe Reichweite in der Gesamtbevölkerung, sondern lediglich hinsichtlich spezifischer Zielgruppen in den Blick. Daher seien Werbeerlöse

126 *Hasebrink*, „Kommunikationswissenschaftliches Gutachten für die Kommission zur Ermittlung der Konzentration im Fernsehbereich (KEK)", in: Schriftenreihe der Landesmedienanstalten, S. 104.

127 *Hasebrink*, S. 104f.

128 Vgl. *Trute*, in: Hahn/Vesting, Beck'scher Kommentar zum Rundfunkrecht, § 26 RStV, Rn. 21; vgl. auch *Schulz/Held*, „Die Zukunft der Kontrolle der Meinungsmacht", Gutachten im Auftrag der Friedrich-Ebert-Stiftung, S. 40.

129 *Schulz/Held*, a.a.O.

130 Vgl. *Trute*, in: Hahn/Vesting, Beck'scher Kommentar zum Rundfunkrecht, § 26 RStV, Rn. 21.

131 Vgl. Übersicht bei *Trute*, in: Hahn/Vesting, a.a.O.

132 Vgl. *Engel*, „Die Messung der Fernsehnutzung als Voraussetzung eines Marktanteilsmodells", ZUM 1995, 653 (655); für die Rolle des öffentlich-rechtlichen Rundfunks *Hasebrink*, „Kommunikationswissenschaftliches Gutachten für die Kommission zur Ermittlung der Konzentration im Fernsehbereich (KEK)", in: Schriftenreihe der Landesmedienanstalten, Band 35, S. 104.

nicht als Maßstab für die Messung von Meinungsmacht gegenüber der gesamten Bevölkerung geeignet.[133]

Die Gesamtschau zeigt, dass keines der vorgeschlagenen Modelle alle Problemfelder gleichermaßen mittels eines einzelnen Ansatzes zu adressieren vermochte. Beinahe folgerichtig stellte die mit dem 3. RÄStV verabschiedete Fassung des § 26 Abs. 2 RStV eine Kombination verschiedener Überlegungen dar, wenngleich in unterschiedlicher Gewichtung. Zum konzeptionellen Fundament der neuen Regelung erwuchs dabei das Zuschaueranteilsmodell. Ausschlaggebend für die Beantwortung der Frage, ob einem Unternehmen vorherrschende Meinungsmacht zukommt, war (und ist) danach zunächst einzig der Zuschaueranteil, den die einem Unternehmen zurechenbaren Programme im bundesweiten Fernsehen erreichen. Vorherrschende Meinungsmacht wird in der Folge ab dem Erreichen eines Zuschaueranteils von 30 % vermutet. Erst unterhalb dieser Schwelle soll auch die Stellung auf „medienrelevanten verwandten Märkten“ Beachtung finden. In der Fassung des 3. RÄStV war dies bei einer „geringfügigen Unterschreitung“ der Fall. Diese unscharfe Formulierung, wurde nach teils massiver Kritik[134] im Rahmen des 6. RÄStV durch eine starre 25 % – Grenze[135] ersetzt. Dies bedeutet jedoch auch, dass das Erreichen vorherrschender Meinungsmacht im Sinne des § 26 Abs. 1 RStV a priori ausgeschlossen ist, wenn nicht zumindest auch Aktivitäten im Fernsehen zu verzeichnen sind.

b) Zielsetzung, Konzeption und Methodik

Im Kern bleibt festzuhalten, dass sich der Gesetzgeber bewusst für eine Fernsehzentriertheit des Medienkonzentrationsrechts entschieden hat.[136] Dies bedeutet gleichwohl nicht, dass die beeinflussende Macht anderer Medien gänzlich negiert würde. Insoweit hat der Gesetzgeber in § 26 Abs. 2 S. 2 RStV eben ausdrücklich auch andere Medienmärkte in den Blick genommen.[137]

Vorzuwerfen bleibt dem Rundfunkgesetzgeber aber, dass er darüber hinaus kaum belastbare Vorgaben oder Hinweise hinterlassen hat, welche Märkte „medienrelevant

---

133 Vgl. *Hasebrink*, a.a.O., der gleichwohl zu bedenken gibt, dass sich dieser Effekt in der Gesamtschau aller Angebote abschwächen könnte.

134 Vgl. Übersicht in Heidelberger Kommentar zum Rundfunkstaatsvertrag, B5, § 26 RStV, Rn. 10.

135 Dieser Schwellenwert wird durch die Bonusregelungen des § 26 Abs. 3 RStV im Einzelfall durch Abzüge für Regionalfenster (2%) und Sendezeit für Dritte (3%) noch modifiziert. Vgl. hierzu Heidelberger Kommentar zum Rundfunkstaatsvertrag, B5, § 26 RStV, Rn. 11.

136 So auch BVerwG ZUM-RD 2014, 454 (459).

137 Die Begründung zum 3. RÄStV nennt hier beispielhaft Werbung, Hörfunk, Presse, Rechte und Produktion. Abgedruckt in: Heidelberger Kommentar zum Rundfunkstaatsvertrag, B 5, § 26 RStV, S. 3.

und verwandt" sind[138] und wie deren Einfluss konzeptionell erfasst, bewertet und ins Verhältnis zueinander gesetzt werden soll. Teilweise wird hier ein „inhaltlicher Bezug"[139] zur Fernsehtätigkeit gefordert, wie ihn vor allem vorgelagerte Beschaffungsmärkte (bspw. Produktion, Rechtehandel) und nachgelagerte Vertriebsmärkte (bspw. Betrieb von Satelliten- oder Kabelnetzen) aufweisen. Tätigkeiten in benachbarten Mediengattungen ohne einen solchen unmittelbaren Fernsehbezug (bspw. Presse, Hörfunk) sollen danach nur eine untergeordnete Rolle für eine medienkonzentrationsrechtliche Betrachtung nach § 26 Abs. 2 RStV spielen.[140] Ein solch strenges Verständnis des Begriffs der „medienrelevanten verwandten Märkte" erscheint gleichwohl nicht überzeugend, nimmt doch bereits die Begründung zu § 26 RStV keine Differenzierung zwischen vor- oder nachgelagerten Tätigkeiten und solchen in anderen Mediengattungen vor. Eine solche Unterscheidung würde auch den vom BVerfG betonten, besonderen Gefahren cross-medialer Konzentration nicht gerecht.

Für substantiell mehr Klarheit können aber auch die gewählten Begriffe der „marktbeherrschenden Stellung auf einem medienrelevanten verwandten Markt" in § 26 Abs. 2 S. 2 Hs. 1 RStV sowie der „Gesamtbeurteilung seiner Aktivitäten im Fernsehen und auf medienrelevanten verwandten Märkten" in § 26 Abs. 2 S. 2 Hs. 2 RStV nicht sorgen. Nicht deutlich wird insbesondere bei letzterem, ob ähnlich der Messung von Zuschaueranteilen auch hier ausschließlich auf eine „bloße" Reichweitenmessung abzustellen ist, ob also auch für andere medienrelevante Märkte die „Logik des Zuschaueranteilsmodells" ausschlaggebend ist[141] oder ob darüber hinaus auch andere, normative Kriterien eine Rolle spielen sollen oder zumindest können.[142] Man wird der Vorschrift aber mit einiger Berechtigung zumindest die Wertung entnehmen können, dass das bundesweite Fernsehen methodisch als Referenz anzusehen ist, eine Orientierung an oder gar eine „Umrechnung" in Zuschaueranteile(n) also zumindest möglich ist.[143]

---

138 So auch Heidelberger Kommentar zum Rundfunkstaatsvertrag, B5, § 26 RStV, Rn. 21; *Grünwald*, in: Spindler/Schuster, Recht der elektronischen Medien: Kommentar, RStV § 26, Rn.16; *Cornils*, „Medienkonzentrationsrechtliche Entwicklungen in Bezug auf die Veranstaltung bundesweiten Fernsehens", in: Hohlfeld/Müller-Terpitz (Hrsg.), Medienkonzentrationskontrolle – Quo vadis?, S. 42, fordert vom Gesetzgeber „wesentliche Grunddaten der Konzentrationskontrolle gesetzlich zu entscheiden".

139 *Grünwald*, in: Spindler/Schuster, Recht der elektronischen Medien: Kommentar, RStV § 26, Rn.16f.

140 So *Grünwald*, a.a.O.

141 So *Hasebrink*, „Kommunikationswissenschaftliches Gutachten für die Kommission zur Ermittlung der Konzentration im Fernsehbereich (KEK)", in: Schriftenreihe der Landesmedienanstalten, Band 35, S. 95, 104f.

142 Kritisch zum Begriff der „Gesamtbetrachtung" auch *Peifer*, „Vielfaltssicherung im bundesweiten Fernsehen – Voraussetzungen und Grenzen einer Prüfung der medienrelevanten verwandten Märkte", in: BLM-Schriftenreihe, Band. 82, S. 76.

143 Die KEK gewichtet daher nach dem „Grad von Verwandtschaft" eines Mediums mit dem bundesweiten Fernsehen, dass mit dem Wert 100 die Referenz darstellt,

Auch der dem Kartellrecht entstammende Begriff der „marktbeherrschenden Stellung“ schafft nur auf den ersten Blick Klarheit. Nach dem mutmaßlichen Willen des Gesetzgebers[144] ist hier zwar keine Neudefinition erforderlich, vielmehr kann auf die bewährten und ausdifferenzierten Maßstäbe des Kartellrechts zurückzugegriffen werden.[145] Dies jedoch auf eine bloße Betrachtung messbarer Marktanteile zu reduzieren, um dem Gedanken der Zuschaueranteile zu folgen, verkennt die Komplexität des Begriffs. Ein bestimmter Marktanteil ist vielmehr auch in der kartellrechtlichen Dogmatik lediglich ein Vermutungstatbestand,[146] der von einer ganzen Reihe weiterer Faktoren flankiert wird.[147] Diese sind zu einem großen Teil normativ geprägt und bedürfen in ihrer konkreten Anwendung einer genauen Betrachtung des Einzelfalls. Erst in einer Gesamtschau und unter Beachtung des konkreten tatsächlichen, aber auch rechtlichen Kontextes[148] kann beurteilt werden, ob ein Unternehmen über vom Wettbewerb nicht mehr hinreichend kontrollierbare Verhaltensspielräume, mithin eine marktbeherrschende Stellung verfügt.[149] Hierbei müsste im Rahmen des § 26 Abs. 2 S. 2 Hs. 1 RStV dann aber auch Berücksichtigung finden, dass die Medienkonzentrationskontrolle, anders als das Kartellrecht, nicht wirtschaftliche Macht auf abzugrenzenden Märkten,[150] sondern Meinungsbeeinflussungspotential sanktioniert.[151]

---

vgl. *KEK*, „Von der Fernsehzentrierung zur Medienfokussierung – Anforderungen an eine zeitgemäße Sicherung medialer Meinungsvielfalt, Bericht der Kommission zur Ermittlung der Konzentration im Medienbereich (KEK) über die Entwicklung der Konzentration und über Maßnahmen zur Sicherung der Meinungsvielfalt im privaten Rundfunk“, in: Schriftenreihe der Landesmedienanstalten, Band 49, S. 54.

144 Die Begründung zum 3. RÄStV spricht nur von „marktbeherrschender Stellung“, ohne den Begriff näher erläutern.

145 So auch *Peifer*, „Vielfaltssicherung im bundesweiten Fernsehen – Voraussetzungen und Grenzen einer Prüfung der medienrelevanten verwandten Märkte“, in: BLM-Schriftenreihe, Band. 82, S. 40; Heidelberger Kommentar zum Rundfunkstaatsvertrag, B5, § 26 RStV, Rn. 20.

146 Vgl. statt aller aus der Rechtsprechung BGH vom 29.06.1982, WuW/E BGH 1949 ff. „Braun/Almo“.

147 § 18 Abs. 3 GWB nennt (gleichwohl nicht abschließend) als mögliche Bewertungskriterien neben dem Marktanteil die Finanzkraft des Unternehmens, seinen Zugang zu den Beschaffungs- oder Absatzmärkten, Verflechtungen mit anderen Unternehmen, rechtliche oder tatsächliche Schranken für den Marktzutritt anderer Unternehmen, die Intensität tatsächlichen oder potenziellen Wettbewerbs, die Fähigkeit, sein Angebot umzustellen sowie die Möglichkeit der Marktgegenseite, auf andere Unternehmen auszuweichen.

148 *Fuchs/Möschel* in: Immenga/Mestmäcker, Wettbewerbsrecht, Band 2, § 18 GWB, Rn. 20.

149 Statt aller *Fuchs/Möschel* in: Immenga/Mestmäcker, Wettbewerbsrecht, Band 2, § 18 GWB, Rn. 75, m.w.N.

150 Zur Problematik des Begriffs „Märkte“ in diesem Zusammenhang siehe IV.2.a).bb).

151 So auch *Grünwald*, in: Spindler/Schuster, Recht der elektronischen Medien: Kommentar, RStV § 26, Rn.21.

Eine eindeutige und praktikable Antwort, wie medienrelevante verwandte Märkte zu erfassen und zu gewichten sind, bleibt das Gesetz daher schuldig.[152]

Neben der dargelegten methodischen Fokussierung auf die durch Zuschaueranteile im bundesweiten Fernsehen erlangte Meinungsmacht wirft auch die strukturelle Nachrangigkeit „medienrelevanter verwandter Märkte" Fragen auf. Insoweit ist das geltende Medienkonzentrationsrecht sogar doppelt fernsehzentriert. Das bundesweite Fernsehen ist danach nicht nur Referenzmaßstab hinsichtlich der Bewertung und Gewichtung von Meinungsbildungsrelevanz,[153] sondern zugleich strukturelle Voraussetzung, um überhaupt in eine Prüfung einzusteigen. Vorherrschende Meinungsmacht ist – jedenfalls nach geltender Rechtslage – ohne die Beteiligung eines Veranstalters bundesweiten Fernsehens nicht denkbar. Aktivitäten auf anderen Märkten haben in der Logik des § 26 Abs. 2 RStV ausschließlich dann eine Bedeutung, wenn sie, quasi in Ergänzung fehlender Zuschaueranteile,[154] eine ohnehin beträchtliche Meinungsmacht im Fernsehen zu einer vorherrschenden Meinungsmacht verstärken können.[155]

So sehr daher die Ausführungen des BVerwG in der Sache ProSiebenSat.1/Springer mit Blick auf die verfassungsrechtliche Dimension kritisiert werden müssen,[156] entbehrt es vor dem Hintergrund der dargestellten Regelungen des § 26 Abs. 2 Satz 1 und 2 RStV nicht einer gewissen Konsequenz, anzunehmen, „dass es nach den Vorstellungen des Gesetzgebers [ausschließlich] darum geht, vorherrschende Meinungsmacht im Fernsehen zu verhindern."[157]

So verstanden, ist im Ergebnis aber mehr als fraglich, ob die vom Gesetzgeber gewählten Instrumente (noch) geeignet sind, der Entstehung vorherrschender Meinungsmacht im oben skizzierten, verfassungsrechtlichen Sinne angemessen entgegenzutreten.[158]

---

152 So auch Heidelberger Kommentar zum Rundfunkstaatsvertrag, B5, § 26 RStV, Rn. 17f.

153 Siehe *Hasebrink*, „Kommunikationswissenschaftliches Gutachten für die Kommission zur Ermittlung der Konzentration im Fernsehbereich (KEK)", in: Schriftenreihe der Landesmedienanstalten, Band 35, S. 95f.

154 *Hasebrink*, „Kommunikationswissenschaftliches Gutachten für die Kommission zur Ermittlung der Konzentration im Fernsehbereich (KEK)", in: Schriftenreihe der Landesmedienanstalten, Band 35, S. 96.

155 BVerwG ZUM-RD 2014, 454 (460); So zuvor schon die KEK in ihrem Beschluss vom 10.01.2006 i.S. ProSiebenSat.1/Springer, Az. 293–1, S.80: „Mit dem Anknüpfen an einen Zuschaueranteil von 25 v. H. bringt diese Vermutungsregel zugleich das Leitbild zum Ausdruck, dass anderweitige Meinungspotenziale erst bei einer durch hohe Zuschaueranteile ausgewiesenen starken Stellung im bundesweiten Fernsehen berücksichtigt werden dürfen"; Vgl. auch *Holznagel/Dörr/Hildebrand*, „Elektronische Medien. Entwicklung und Regulierungsbedarf", S. 203.

156 Siehe II.1.c).

157 BVerwG ZUM-RD 2014, 454 (460).

158 Siehe II.1.b) und c).

III. Praktische Ansätze zur Erfassung und Bewertung von „Meinungsmacht“

Die Analyse der Regelungen zur Medienkonzentrationskontrolle in § 26 RStV zeigt, wie stark der Gesetzgeber den Spielraum zur Erfassung und Gewichtung von Meinungsmacht in den Medien kanalisiert und in seiner Zielsetzung beschränkt hat auf die Sicherung der Meinungsvielfalt im bundesweiten Fernsehen. Ungeachtet der – vor diesem Hintergrund berechtigten – Frage nach einer grundlegenden Reform des Medienkonzentrationsrechts, muss die Anwendungspraxis diesen Wertungen Rechnung tragen.

Im Folgenden soll dem seit geraumer Zeit maßgeblichen und von der zuständigen Kommission zur Ermittlung der Konzentration im Medienbereich (KEK) nach wie vor praktizierten Ansatz zur Bewertung von Meinungsmacht (1.), der „Medienkonvergenzmonitor“ der Direktorenkonferenz der Landesmedienanstalten (DLM) gegenübergestellt werden (2.).

1. Der Ansatz der KEK

Nach § 36 Abs. 4 RStV ist die KEK zuständig für die abschließende Beurteilung von Fragestellungen der Sicherung von Meinungsvielfalt im Zusammenhang mit der bundesweiten Veranstaltung von Fernsehprogrammen und damit wesentlich für die praktische Ermittlung und Bewertung von Meinungsmacht nach den dargelegten Vorgaben des § 26 RStV. Der von der KEK hierzu verfolgte Ansatz ist daher konzeptionell auf eine Bewertung „im Rahmen der gesetzlichen Regelungen“[159] ausgerichtet und muss daher auch vor diesem Hintergrund verstanden werden.

Die konzeptionellen Überlegungen, welche dem Modell der KEK als Basis zur Ermittlung und Gewichtung von Meinungsmacht dienen, wurden bereits im Jahr 2003 von *Hasebrink* in einem Gutachten für die KEK anschaulich dargestellt.[160] Danach seien in Beachtung der Ausrichtung des § 26 Abs. 2 RStV auf Zuschaueranteile auch die Kriterien für eine allgemeine Beurteilung von Meinungsmacht „im Kontext der Anwendung des Zuschaueranteilsmodells zu entwickeln.“[161] In der Folge bedeute dies,

159 *Hasebrink*, „Kommunikationswissenschaftliches Gutachten für die Kommission zur Ermittlung der Konzentration im Fernsehbereich (KEK)“, in: Schriftenreihe der Landesmedienanstalten, Band 35, S. 96.

160 *Hasebrink*, „Kommunikationswissenschaftliches Gutachten für die Kommission zur Ermittlung der Konzentration im Fernsehbereich (KEK)“, in: Schriftenreihe der Landesmedienanstalten, Band 35, S. 93ff.

161 *Hasebrink*, S. 94; kritisch *Peifer*, „Vielfaltssicherung im bundesweiten Fernsehen – Voraussetzungen und Grenzen einer Prüfung der medienrelevanten verwandten Märkte“, in: BLM-Schriftenreihe, Band. 82, S. 75f.

dass auch für medienrelevante verwandte Märkte insbesondere solche Messkriterien heranzuziehen sind, die über erzielte Publikumskontakte,[162] also die Rezeptionsreichweite von Angeboten Auskunft geben.[163] Hiermit ist zunächst eine Aussage darüber getroffen, in welcher „Einheit" der Einfluss einzelner Akteure zu messen ist.

Weiterhin muss jedoch ein zweiter Maßstab dafür gefunden werden, welche Märkte im Rahmen einer Prüfung nach § 26 Abs. 2 S. 2 RStV zu berücksichtigen sind und vor allem, wie die unterschiedlichen Einflusspotentiale dieser „Märkte" zueinander ins Verhältnis zu setzen, mithin zu gewichten sind. Nach Auffassung der KEK ergibt sich die von § 26 Abs. 2 S. 2 RStV geforderte „Medienrelevanz" für solche Märkte, die selbst für den Prozess der öffentlichen Meinungsbildung von Bedeutung sind[164] oder soweit sie im Falle vor- oder nachgelagerter Märkte geeignet sind, die Meinungsmacht im Fernsehen zu verstärken.[165] Für die Frage der Gewichtung komme es, der zentralen Stellung des bundesweiten Fernsehens im System der Medienkonzentrationskontrolle entsprechend, wesentlich auf den „Grad von Verwandtschaft" mit diesem an.[166] Anknüpfend an die Rechtsprechung des BVerfG, welches die herausgehobene Stellung des Rundfunks innerhalb der Medienordnung wesentlich mit dessen Breitenwirkung, Aktualität und Suggestivkraft begründet,[167] sollen vor allem diese Kriterien zum Vergleich anderer medialer Erscheinungsformen herangezogen werden.[168] Zusätzlich nimmt die KEK aber auch hier schon Synergieeffekte, die sich aus einer cross-medialen Aufstellung ergeben, in den Blick und misst dem ein entsprechendes Gewicht bei.[169] Die so ermittelten

---

162 Zum möglichen Rückschluss von Publikumskontakten auf Meinungsmacht siehe II.2.a).

163 *Hasebrink*, S. 96.

164 Insbesondere also die klassischen Massenmedien (v.a. Hörfunk und Presse).

165 *KEK*, „Von der Fernsehzentrierung zur Medienfokussierung – Anforderungen an eine zeitgemäße Sicherung medialer Meinungsvielfalt, Bericht der Kommission zur Ermittlung der Konzentration im Medienbereich (KEK) über die Entwicklung der Konzentration und über Maßnahmen zur Sicherung der Meinungsvielfalt im privaten Rundfunk", in: Schriftenreihe der Landesmedienanstalten, Band 49, S. 54.

166 *KEK*, a.a.O.

167 Siehe oben II.1.b).

168 *KEK*, a.a.O.; hieran zweifelnd wohl *Kluth/ Schulz*, „Konvergenz und regulatorische Folgen. Gutachten im Auftrag der Rundfunkkommission der Länder", in: Arbeitspapiere des Hans-Bredow-Instituts Nr. 30, S.44.

169 So bspw. festgestellt für Programmzeitschriften, deren potentieller Meinungseinfluss, sich weniger aus der Zeitschrift als eigenständiges Publikationsorgan ergebe, sondern vielmehr aus der Möglichkeit, durch redaktionelle Gestaltung eigene Programmangebote im Fernsehen prominenter darzustellen und so auf das Sehverhalten der Zuschauer einzuwirken, vgl. Beschluss der KEK vom 10.01.2006 i.S. ProSiebenSat.1/Springer, Az. 293–1, S.92f.

„Gewichtungsfaktoren“[170] setzen die erhobenen Reichweitenzahlen zueinander in ein ihrer Bedeutung entsprechendes Verhältnis.

Die Beurteilung erfolgt dabei nicht anhand der übertragenen Inhalte, sondern nach dem jeweiligen Verbreitungsweg und seinen Besonderheiten. Gleichwohl dieser Ansatz zu Recht hinterfragt werden kann,[171] ist ihm eine gewisse Konsequenz nicht abzusprechen, orientiert sich doch § 26 Abs. 2 RStV selbst mit der Anknüpfung an das bundesweite Fernsehen, bzw. unter Verweis im Rahmen seiner Begründung auf klassische Massenmedien wie Hörfunk oder Presse, an den unterschiedlichen technischen Verbreitungswegen. Aus dem für die Zuschaueranteile herangezogenen bundesweiten Maßstab leitet die KEK weiterhin ab, dass losgelöst vom kartellrechtlichen Bedarfsmarktkonzept[172] keine weitere sachliche oder räumliche Unterscheidung nach Inhalten, Vertriebs- oder auch Finanzierungswegen zu erfolgen habe. So sei in der Folge etwa von einem bundeseinheitlichen Tageszeitungs- oder Zeitschriftenmarkt auszugehen.[173]

Die KEK wählt mit der Anknüpfung an die Merkmale der Breitenwirkung, Aktualität und Suggestivkraft einen stark normativen Ansatz, wonach die Gewichtung abstrakt nach den Besonderheiten und Wirkungsweisen der jeweiligen Mediengattung zu bestimmen ist. Dieser knüpft bei der Gewichtung der einzelnen Medien im Verhältnis zueinander unmittelbar an deren Einflusspotential auf den Prozess der öffentlichen Willensbildung an und damit an der Kernthese des BVerfG zur Bedeutung von Medien für die Demokratie.[174] Umgekehrt aber sind die so getroffenen und im Ergebnis in einen konkreten Umrechnungsfaktor zu pressenden Feststellungen unter Umständen auch stark subjektiv geprägt.[175] Der Dreiklang von Breitenwirkung, Aktualität und Suggestivkraft bietet viel Spielraum, gerade auch bei der Gewichtung der drei Merkmale zueinander. Diese Unsicherheit wird zudem dadurch verstärkt, dass nicht die Meinungsbildungsrelevanz eines einzelnen Angebots, sondern in einem viel allgemeineren Maßstab, pauschal für eine gesamte Mediengattung bestimmt wird.

---

170 *KEK*, „Von der Fernsehzentrierung zur Medienfokussierung – Anforderungen an eine zeitgemäße Sicherung medialer Meinungsvielfalt, Bericht der Kommission zur Ermittlung der Konzentration im Medienbereich (KEK) über die Entwicklung der Konzentration und über Maßnahmen zur Sicherung der Meinungsvielfalt im privaten Rundfunk“, in: Schriftenreihe der Landesmedienanstalten, Band 49, S. 54.

171 Siehe IV.2.a).bb).

172 Siehe auch *Grünwald*, in: Spindler/Schuster, Recht der elektronischen Medien: Kommentar, RStV § 26, Rn.19; zum Begriff: *Fuchs/Möschel*, in: Immenga/Mestmäcker, Wettbewerbsrecht, Band 2, GWB § 18, Rn. 32ff.; *Götting*, in: Loewenheim/Meessen/Riesenkampff, Kartellrecht Kommentar, GWB § 19, Rn. 12ff.

173 Vgl. Beschluss der KEK vom 10.01.2006 i.S. ProSiebenSat.1/Springer, Az. 293–1, S.82f.

174 Siehe oben II.1.a).

175 Siehe die Kritik bei *Bornemann*, „Wie die KEK gefühlte Meinungsmacht in eine Eingriffskompetenz umrechnet“, MMR 2006, 275 (278f.).

Abb. 1 – Gewichtung der Mediengattungen durch die KEK

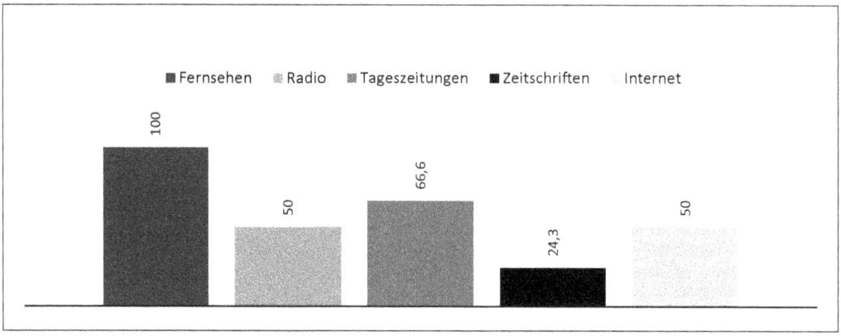

Im Ergebnis geht die KEK davon aus, dass (bislang) nur das Fernsehen alle drei Merkmale vollauf erfüllt. Alle anderen Mediengattungen bleiben hierhinter zurück, weisen gegenüber dem Fernsehen also einen „Leistungsabstand" auf. Die dort erzielten Reichweiten sind daher nur mit einem Abschlag zu berücksichtigen. Den stärksten „Verwandtheitsgrad" zum bundesweiten Fernsehen weisen nach Auffassung der KEK auch heute noch Tageszeitungen auf. Aufgrund der Besonderheiten im Produktions- und Verteilprozess blieben Tageszeitungen zwar hinter der Aktualität von Hör- und Fernsehfunk zurück, es handele sich aber anders als beispielsweise im Falle von Zeitschriften trotzdem noch um ein tagesaktuelles Medium.[176] Mangelnde Reichweite gleiche das Medium durch eine gegenüber dem Fernsehen höhere Disponibilität in der zeitlichen wie räumlichen Nutzung bzw. durch die Möglichkeit der Mehrfachverwendung nahezu aus.[177] Der deutlichste Unterschied sei im Bereich der Suggestivkraft auszumachen. Aufgrund der fehlenden Einbindung von Ton und Bewegtbild als besonders authentische, weil unmittelbare Abbildung der Wirklichkeit falle das Medium Tageszeitung hinter dem Fernsehen zurück.[178] Im Ergebnis sei daher eine Bewertung des Einflusspotentials der Tagespresse in Höhe von 2/3 des Fernsehens angemessen.[179]

Als eigene Verbreitungsform und damit medienrelevanten verwandten Markt betrachtet die KEK bislang (noch) das Internet, bzw. Online-Aktivitäten. Diese wurden von der KEK im Rahmen ihrer Entscheidung in der Sache ProSiebenSat.1/Springer im Vergleich zum bundesweiten Fernsehen mit einem Gewichtungsfaktor

176 Vgl. Beschluss der KEK vom 10.01.2006 i.S. ProSiebenSat.1/Springer, Az. 293-1, S. 88.
177 Vgl. Beschluss der KEK vom 10.01.2006 i.S. ProSiebenSat.1/Springer, Az. 293-1, S. 89.
178 Vgl. Beschluss der KEK vom 10.01.2006 i.S. ProSiebenSat.1/Springer, Az. 293-1, S. 89, wenngleich die KEK hier selbst Unterschiede zwischen einzelnen Zeitungsformaten feststellt: „Die „BILD"-Zeitung verfügt mit ihren eher bunten und unterhaltungsorientierten Informationen und Darstellungen im Vergleich mit den ‚klassischen' Abonnementzeitungen über eine höhere Suggestivkraft."
179 Siehe Abb. 1.

von 1/2 bewertet.[180] Wenngleich die KEK in der Zwischenzeit davon ausgeht, dass sich die Lücke hinsichtlich der Meinungsbildungsrelevanz des Internets gegenüber der des klassischen Fernsehens verringert hat,[181] ist eine explizite Anpassung der Gewichtungsfaktoren bislang ausgeblieben. Im Rahmen einer solchen Anpassung müsste sich die KEK mit der Frage auseinandersetzen, wie damit umzugehen ist, dass Online-Angebote inzwischen in puncto Breitenwirkung und Aktualität dem bundesweiten Fernsehen nicht nur ebenbürtig, sondern zunehmend sogar überlegen sind.[182] Dieser Trend wird gerade durch die verstärkte und nach wie vor ansteigende Nutzung mobiler Endgeräte befeuert, die es ihren Besitzern ermöglichen, Inhalte potentiell an jedem Ort und zu jeder Zeit wahrzunehmen.[183] Legte die KEK im Jahr 2006 für das Internet noch eine Reichweite von nur 28% der Gesamtbevölkerung zugrunde,[184] gehen aktuelle Untersuchungen von einem Verbreitungsgrad von über 76 % aus.[185] Demgegenüber beziffert die Arbeitsgemeinschaft Fernsehforschung (AGF) die Reichweite des Fernsehens für das Jahr 2015 auf 71 %.[186]

---

180 Vgl. Beschluss der KEK vom 10.01.2006 i.S. ProSiebenSat.1/Springer, Az. 293–1, S. 98.

181 *KEK*, „Von der Fernsehzentrierung zur Medienfokussierung – Anforderungen an eine zeitgemäße Sicherung medialer Meinungsvielfalt, Bericht der Kommission zur Ermittlung der Konzentration im Medienbereich (KEK) über die Entwicklung der Konzentration und über Maßnahmen zur Sicherung der Meinungsvielfalt im privaten Rundfunk", in: Schriftenreihe der Landesmedienanstalten, Band 49, S. 54.

182 Namentlich bspw. durch eine höhere zeitliche Dispositionsfreiheit, da der Abruf von Inhalten nicht zeitlich gebunden ist, also linear erfolgen muss, siehe *Neuberger/ Lobigs*, „Die Bedeutung des Internets im Rahmen der Vielfaltssicherung – Gutachten im Auftrag der Kommission zur Ermittlung der Konzentration im Medienbereich (KEK)", in: Schriftenreihe der Landesmedienanstalten Band 43, S. 21.

183 Vgl. *KEK*, „Von der Fernsehzentrierung zur Medienfokussierung – Anforderungen an eine zeitgemäße Sicherung medialer Meinungsvielfalt, Bericht der Kommission zur Ermittlung der Konzentration im Medienbereich (KEK) über die Entwicklung der Konzentration und über Maßnahmen zur Sicherung der Meinungsvielfalt im privaten Rundfunk", in: Schriftenreihe der Landesmedienanstalten, Band 49, S. 54; Siehe hierzu *TNS Infratest*, „MedienGewichtungsStudie 2015-II", Grafik auf S. 32, Internetnutzung an PC, Laptop, Notebook 2013: 84,1%, 2014: 63,8%, 2015-I: 64,4 %, 2015-II: 61,3 %; mittels Smartphone oder Tablet (addiert) 2013: 41,6%, 2014: 56%, 2015-I: 60 %, 2015-II: 62,6 %.

184 Vgl. Beschluss der KEK vom 10.01.2006 i.S. ProSiebenSat.1/Springer, Az. 293–1, S.96. Andere Studien ermittelten bereits zu diesem Zeitpunkt einen Nutzungsanteil in der Bevölkerung von ca. 55%, siehe Abb. 2.

185 Siehe Abb. 2.

186 Siehe Abb. 2.

Abb. 2 – Anteil der Fernseh- / Internetnutzer (letzte 3 Monate) innerhalb der Gesamtbevölkerung

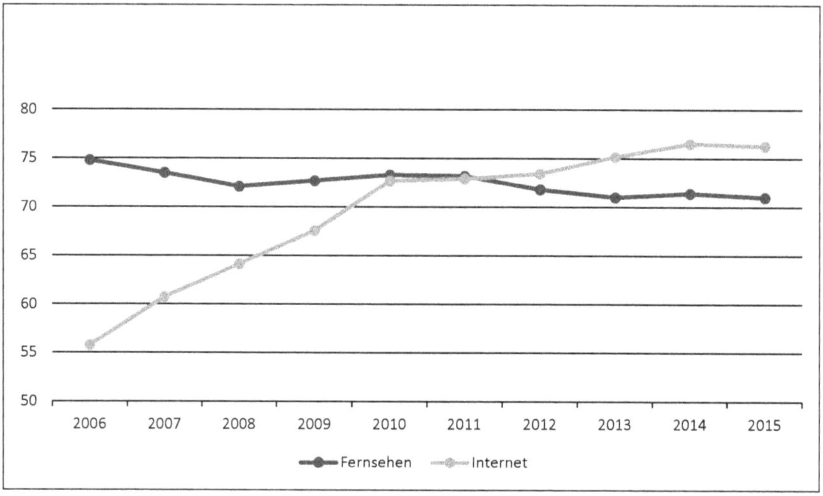

Unter diesen Vorzeichen gerät die herausgehobene Behandlung des Fernsehens zunehmend unter Rechtfertigungsdruck. Die Merkmale Breitenwirkung, Aktualität und Suggestivkraft zum Maßstab genommen, kann die Sonderstellung nach dem dargelegten Befund nur noch mit einer besonderen Suggestivkraft begründet werden. Anders aber als im Falle der Tageszeitung sind Bewegtbildangebote im Internet inzwischen weit verbreitet. Allein aus der grundsätzlichen Möglichkeit des Fernsehens, verschiedene Darreichungsformen (Text, Bild, Ton, Bewegtbild) zu kombinieren, lässt sich ein Abschlag für Online-Angebote daher kaum mehr herleiten.[187] Nach Auffassung der KEK gilt es aber die besondere Heterogenität des Internets zu berücksichtigen. Dieses sei gerade kein einheitliches Medium, sondern umfasse eine Vielzahl verschiedener Angebotstypen, die sich in Aufbau, Zielrichtung, Funktion und Wirkweise unterscheiden.[188] In der Folge könne nicht „das Internet" als solches

187 So auch *KEK*, „Von der Fernsehzentrierung zur Medienfokussierung – Anforderungen an eine zeitgemäße Sicherung medialer Meinungsvielfalt, Bericht der Kommission zur Ermittlung der Konzentration im Medienbereich (KEK) über die Entwicklung der Konzentration und über Maßnahmen zur Sicherung der Meinungsvielfalt im privaten Rundfunk", in: Schriftenreihe der Landesmedienanstalten, Band 49, S. 54.

188 *KEK*, S. 55, 61; vgl. auch *Neuberger/Lobigs*, „Die Bedeutung des Internets im Rahmen der Vielfaltssicherung – Gutachten im Auftrag der Kommission zur Ermittlung der Konzentration im Medienbereich (KEK)", in: Schriftenreihe der Landesmedienanstalten Band 43, S. 20.

zum Gegenstand einer Bewertung gemacht werden. Vielmehr sei eine Abgrenzung nach den unterschiedlich meinungsbildungsrelevanten Angebotstypen angezeigt.[189] Zudem sei hinsichtlich redaktionell-journalistischer Inhalte festzustellen, dass diese Angebote zu weiten Teilen lediglich eine „Zweitverwertung“ bereits existierender und über andere Mediengattungen verbreiteter Inhalte darstellen. Dies schmälere die originäre Wirkung digitaler Angebote im Internet zusätzlich und verbiete daher ein pauschales Abstellen auf die Gesamtzeit der Internetnutzung.[190]

Dieses „Annex-Argument“ ist mit dem verstärkten Auftreten eigenständiger Online-Angebote und der Zunahme exklusiver oder jedenfalls in unabhängigen Online-Redaktionen entstandener Inhalte zunehmend anzuzweifeln.[191] Die KEK räumt in der Folge selbst ein, dass das Argument der simplen Doppelverwertung inzwischen vor allem noch auf die Online-Angebote von Fernsehprogrammveranstaltern im Rahmen ihrer Mediatheken zutrifft.[192]

Das angeführte „Heterogenitätsargument“[193] offenbart hingegen eindrucksvoll das Dilemma eines auf Verbreitungswege abstellenden Bewertungsmaßstabs. So begrüßenswert eine Abkehr hiervon allerdings sein mag,[194] erscheint fraglich, ob dies innerhalb des geltenden Medienkonzentrationsrechts und seiner Wertungen umsetzbar ist. Die Zurückhaltung, die in den Ausführungen der KEK bzw. ihrem Verzicht auf eine über die dargestellten Denkansätze hinausgehende Neubewertung von Onlineangeboten zutage tritt, zeigt dies deutlich.

Folgerichtig fordert auch die KEK eine Reform des bestehenden Medienkonzentrationsrechts, weg von einer Fokussierung auf Verbreitungswege hin zu einer Betrachtung, „welche in stärkerem Maße als bislang alle meinungsrelevanten Angebote [...] einbezieht“[195] und dabei insbesondere der besonderen Suggestivkraft bewegter Bilder Rechnung trägt.[196]

---

189 *KEK*, S. 55.

190 *KEK*, „Von der Fernsehzentrierung zur Medienfokussierung – Anforderungen an eine zeitgemäße Sicherung medialer Meinungsvielfalt, Bericht der Kommission zur Ermittlung der Konzentration im Medienbereich (KEK) über die Entwicklung der Konzentration und über Maßnahmen zur Sicherung der Meinungsvielfalt im privaten Rundfunk“, in: Schriftenreihe der Landesmedienanstalten, Band 49, S. 55, 61.

191 Insoweit bezieht sich die KEK auch lediglich auf eine Erhebung aus dem Jahr 2006/2007, siehe *KEK*, S. 55.

192 Siehe *KEK*, S. 56.

193 Vertiefend hierzu unter III.2.b).aa).

194 Vgl. hierzu unter III.2.a).bb).

195 *KEK*, S. 506.

196 *KEK*, a.a.O.

2. Der Medienkonvergenzmonitor der DLM

Die dargestellten Defizite der geltenden Medienkonzentrationskontrolle und ihre (umstrittene)[197] Anwendung durch die KEK haben die Landesmedienanstalten veranlasst, einen eigenen Vorschlag zur Bewertung und Kontrolle von Meinungsmacht zu entwickeln. Diesen „Medienkonvergenzmonitor" präsentierte die Direktorenkonferenz der Landesmedienanstalten (DLM) am 19. März 2015 der Öffentlichkeit.[198] Das methodische Fundament entstammt dabei dem von der Bayerischen Landeszentrale für neue Medien (BLM) bereits 2012 entwickelten „MedienVielfaltsMonitor",[199] der insoweit im neuen Medienkonvergenzmonitor aufgeht.

Erklärtes Ziel ist es, einen „fortlaufend aktualisierten Überblick über den Stand der Medienvielfalt in Deutschland"[200] zu schaffen. Die so ermittelten Erkenntnisse zum Gewicht einzelner Mediengattungen für die Informations- und Meinungsbildung und über die Meinungsmacht einzelner Medienkonzerne[201] sollen in der Folge zur Grundlage einer „datenbasierten, für jedermann nachvollziehbaren, modernen Regulierung"[202] gemacht werden.

Deutlich wird hieraus zunächst zweierlei: Zum einen steht der Medienkonvergenzmonitor in seinem Selbstverständnis außerhalb der Beschränkungen und Vorgaben des geltenden Medienkonzentrationsrechts. Ziel ist die Schaffung einer umfassenden Datengrundlage als „Wissensbasis."[203] Er muss daher – anders als der von der KEK praktizierte Ansatz – als Versuch verstanden werden, Medienvielfalt und den Prozess der Meinungsbildung in Deutschland losgelöst von gesetzlichen Vorprägungen und sich hieraus ergebenden Verengungen des Blickwinkels zu bewerten. Etwaig entstehende Konfliktlagen zur geltenden Rechtslage müssen vor diesem Hintergrund hingenommen werden. Zum zweiten soll „Meinungsmacht"

---

197 Siehe zum Streit zwischen der KEK und insbesondere der Bayerischen Landeszentrale für neue Medien (BLM), Ring, S. 4; siehe auch *Hain*, „Vorherrschende Meinungsmacht i.S.d. § 26 Abs. 1, 2 RStV – Die Kontroverse um ‚quantitative' oder ‚qualitative' Bestimmung", MMR 2000, 537 (538).

198 DLM-Pressemitteilung 05/2015 – Berlin, 19.03.2015, „Neuer DLM-Medienkonvergenzmonitor vorgestellt: Private TV-Sendergruppen verlieren an Meinungsmacht", online abrufbar unter http://www.die-medienanstalten.de/presse/pressemitteilungen/direktorenkonferenz-der-landesmedienanstalten/detailansicht/article/dlm-pressemitteilung-052015-neuer-dlm-medienkonvergenzmonitor-die-fuenf-groessten-mediengruppen-v.html.

199 Siehe *Kors*, „Die Wissensbasis: Ergebnisse des neuen DLM-Medienkonvergenzmonitors", Vortrag im Rahmen des DLM-Symposiums 2015 „Moderne Regulierung schaffen, Medienzukunft gestalten" vom 19.03.2015, S. 7.

200 Siehe *Kors*, S. 40.

201 Siehe *Kors*, S. 8.

202 Siehe *Kors*, S. 40.

203 *Kors*, „Die Wissensbasis: Ergebnisse des neuen DLM-Medienkonvergenzmonitors", Vortrag im Rahmen des DLM-Symposiums 2015 „Moderne Regulierung schaffen, Medienzukunft gestalten" vom 19.03.2015, S. 1.

über eine empirische Analyse der Rundfunk- und Medienlandschaft objektiv und „datenbasiert“ bewertet werden.[204] Der Medienkonvergenzmonitor stellt damit konzeptionell einen Gegenentwurf zum normativen Ansatz der KEK dar.

Abb. 3 – MedienVielfaltsMonitor – 4-Stufenmodell

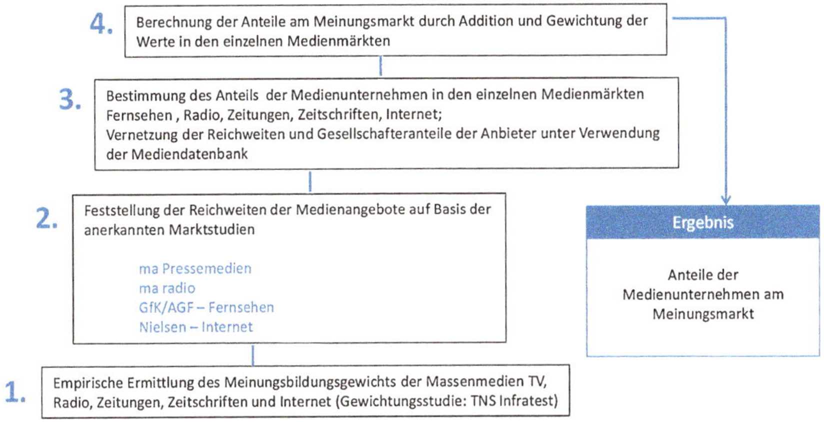

Im Rahmen dieses sog. 4-Stufen-Modells[205] wird dabei zunächst das sog. Meinungsbildungsgewicht der als besonders relevant für die öffentliche Willensbildung angesehenen Mediengattungen „Fernsehen“, „Radio“, „Internet“, „Tageszeitung“ sowie „Zeitschriften, Nachrichtenmagazine oder Wochenzeitungen“[206] ermittelt. Anschließend werden durch eine Reichweitenmessung der Medienangebote (2. Stufe) die Anteile einzelner Unternehmen in den jeweiligen Mediengattungen (3. Stufe) bestimmt. Diese können dann unter Anwendung des jeweiligen Meinungsbildungsgewichts in ein Verhältnis zueinander gesetzt werden (4. Stufe). Im Ergebnis wird die den jeweiligen Unternehmen zuzurechnende Meinungsmacht dann in einem bundesweiten, medienübergreifenden „Meinungsmarkt“ abgebildet.[207]

---

204 Siehe DLM-Pressemitteilung 06/2014, „‚Medienkonvergenzmonitor' – Meinungsbildung und Vielfalt in einer konvergenten Medienlandschaft“, online abrufbar unter http://www.die-medienanstalten.de/presse/pressemitteilungen/direktorenkonferenz-der-landesmedienanstalten/detailansicht/article/dlm-pressemitteilung-062014-medienkonvergenzmonitor-meinungsbildung-und-vielfalt-in-der.html.

205 Siehe *Kors*, S. 9.

206 Im Folgenden nur „Zeitschriften“.

207 Siehe *Kors*, S. 9, 33.

Trotz seiner vermeintlichen Komplexität geht also auch der Medienkonvergenzmonitor im Grundsatz davon aus, dass die tatsächliche Rezeption einzelner Angebote, mithin ihre Reichweite, wesentlich ist für die Bewertung von Meinungsmacht, die so ermittelten Anteile jedoch ihrer Zugehörigkeit zu einzelnen Mediengattungen entsprechend in ein Verhältnis zueinander gesetzt werden müssen. Insoweit unterscheidet sich der Ansatz des Medienkonvergenzmonitors noch nicht grundlegend von dem der KEK.

Erhebliche Unterschiede bestehen gleichwohl in der Art und Weise, wie das zu berücksichtigende Gewicht einzelner Mediengattungen ermittelt wird. Nimmt die KEK, wie gesehen, eine umfassende normative Prüfung des abstrakten Wirkpotentials anhand der Kriterien „Aktualität, Breitenwirkung und Suggestivkraft" vor, liegt dem MedienVielfaltsMonitor der BLM, bzw. nunmehr dem Medienkonvergenzmonitor der DLM, eine von *TNS Infratest* in regelmäßigen Abständen durchgeführte empirische „Gewichtungsstudie" zugrunde.[208]

Das dort ermittelte „Meinungsbildungsgewicht" setzt sich aus zwei gleichrangigen Komponenten zusammen. Zunächst wird dabei mittels einer repräsentativen Umfrage[209] die tägliche[210] Reichweite der medialen Verbreitungsformen „Fernsehen", „Radio", „Internet", „Tageszeitung" sowie „Zeitschriften" ermittelt.[211]

Abb. 4 –Tagesreichweite der Mediengattung im 2. HJ 2015 (%)

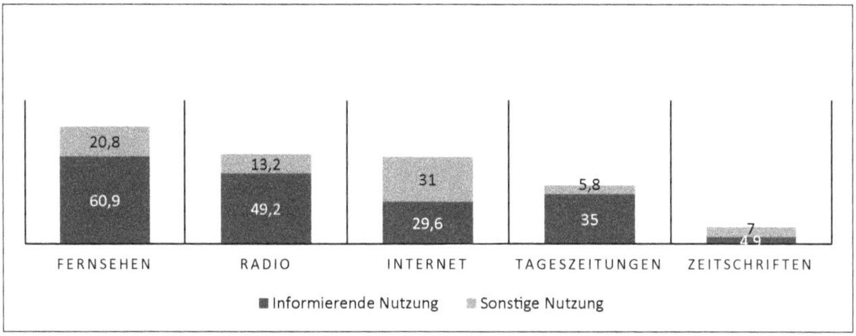

Berücksichtigung findet in der Folge allerdings nur diejenige Nutzung, die zu „informativen Zwecken" erfolgt.[212] Andere Formen der Mediennutzung, wie beispielsweise zur

208 Siehe zur Erläuterung „Methodische Hinweise" in *TNS Infratest*, „MedienGewichtungsStudie 2015-II", S. 5f.

209 Basis: 69,241 Mio. Personen ab 14 Jahre in Deutschland, n=2.800, vgl. *TNS Infratest*, „MedienGewichtungsStudie 2015-II", S. 11.

210 Insoweit unterscheidet sich der Erhebungszeitraum zu den in Abb. 2 zusammengefassten Studien.

211 Siehe Abb. 4, vertiefend *TNS Infratest*, „MedienGewichtungsStudie 2015-II", S. 6, 9ff., 14ff.

212 Siehe Abb. 4.

bloßen Unterhaltung, bleiben außen vor. Mit einem Anteil von 33,9 % an der täglichen Mediennutzung zu Informationszwecken nimmt das Fernsehen den ersten Platz ein.[213]

Abb. 5 – Anteil an der gesamten „informierenden Mediennutzung" nach Mediengattung im 2. HJ 2015 (%)

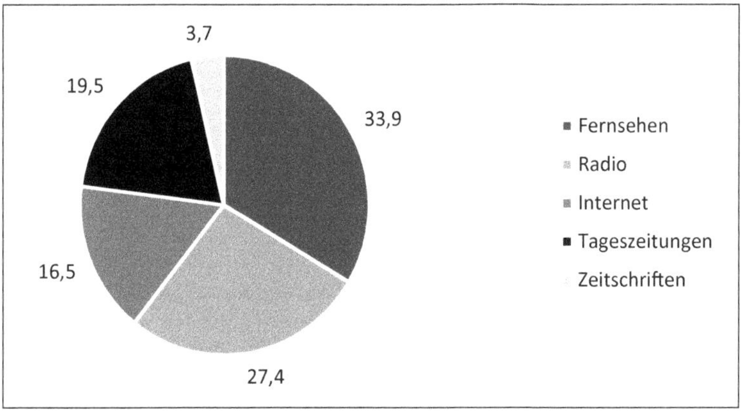

Bereits diese Beschränkung auf die informierende Nutzung erscheint rechtfertigungsbedürftig, betont das BVerfG doch in ständiger Rechtsprechung, dass gerade auch unterhaltenden Angeboten Meinungsrelevanz zukommt.[214] Teilweise wird gar angenommen, dass derartige Inhalte für die persönliche Entwicklung und Sozialisation innerhalb der Gesellschaft sogar von noch größerer Bedeutung sind, als klassische Informationsangebote wie beispielsweise Nachrichten oder Dokumentationen.[215]

Ergänzt wird dieses auf die quantitative Nutzung bezogene Kriterium durch eine qualitative Betrachtung der Bedeutung der einzelnen Mediengattungen als Informationsmedium.[216] Basis hierfür ist die persönliche Einschätzung der Befragten, welches das für die eigene Information wichtigste Medium darstelle.[217] Im Erhebungszeitraum vom 1. Juli bis zum 31. Juli 2015 sowie vom 1. September bis zum 14. Dezember 2015[218] war für rund 38,8 % der Befragten das Fernsehen das „wichtigste Informationsmedium".

213 Siehe Abb. 5.
214 Vgl. BVerfGE 12, 205 (260); 31, 314 (326); 35, 202 (222); 97, 228 (257).
215 Vgl. *Bauer*, „Unterhaltungsfernsehen – Die unheimlichen Erzieher", Frankfurter Allgemeine Zeitung (FAZ) vom 27.01.2011, online abrufbar unter http://www.faz.net/-gsc-xt4b.
216 Siehe Abb. 6.
217 *TNS Infratest*, „MedienGewichtungsStudie 2015-II", S. 36.
218 *TNS Infratest*, „MedienGewichtungsStudie 2015-II", S. 7.

Abb. 6 – Wichtigstes Informationsmedium in der subjektiven Wahrnehmung im 2. HJ 2015 (%), Angabe „keines davon" (2,4%) herausgerechnet.

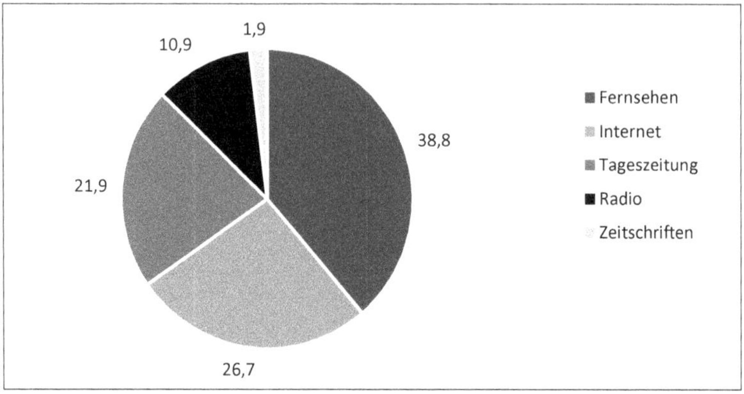

Aus dem Mittelwert der so ermittelten Anteile an der informierenden Nutzung sowie der prozentualen Nennung als wichtigstes Informationsmedium errechnet sich das für das weitere Vorgehen herangezogene Gewicht der jeweiligen Mediengattung für die öffentliche Willensbildung:[219]

Abb. 7 – Ermitteltes Gewicht der Mediengattungen für die Meinungsbildung im 2. HJ 2015 (%)

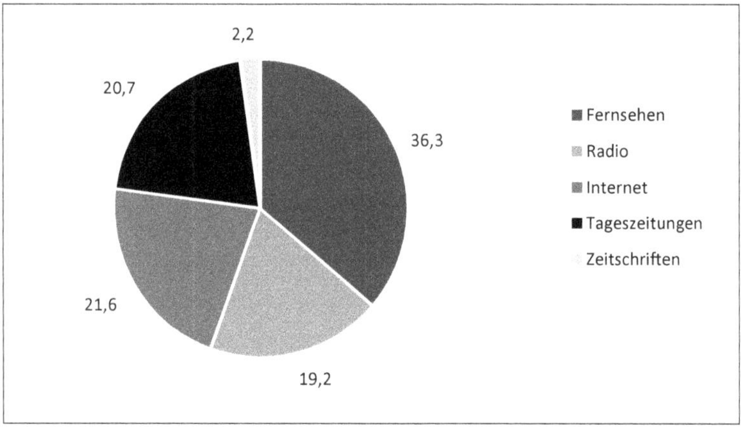

219 *TNS Infratest*, „MedienGewichtungsStudie 2015-II", S. 47, dort wird von „Marktanteil informierende Mediennutzung", „Marktanteil wichtigstes Informationsmedium" sowie dem „potenziellen Gewicht für die Meinungsbildung" gesprochen.

Im Ergebnis stellt das Fernsehen auch nach dieser Studie das bedeutendste Medium für die öffentliche Willensbildung dar. Aggregiert entfällt auf das Fernsehen ein „potentielles Gewicht für die Meinungsbildung“ von 36,3 %. Erst dahinter folgen das Internet (21,6 %), Tageszeitungen (20,7 %), Radio (19,2 %) und Zeitschriften (2,2 %).[220]

Damit kommt der Medienkonvergenzmonitor in der Gesamtschau zu vergleichbaren Ergebnissen wie die KEK, wenngleich der Abstand zwischen Fernsehen und den nachfolgenden Mediengattungen deutlich geringer ausfällt. Auch den von der KEK skizzierten Trend einer steigenden Bedeutung des Internets bestätigen die ermittelten Zahlen des Medienkonvergenzmonitors:[221]

Abb. 8 – Meinungsbildungsgewicht Fernsehen/Internet im Trend in %

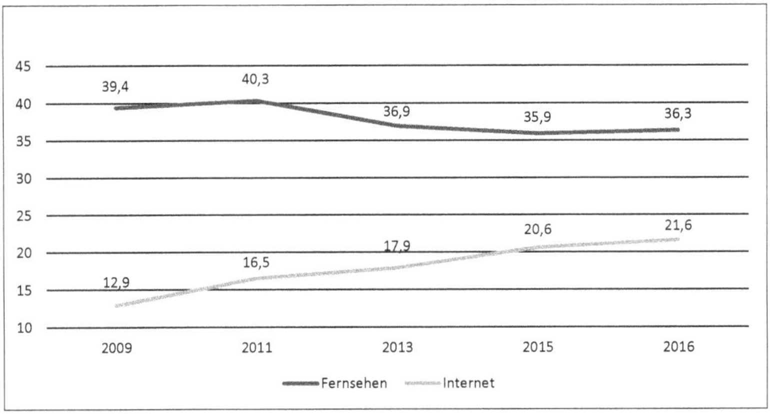

Gleichwohl im Ergebnis also übereinstimmend, sind Zweifel an der Aussagekraft insbesondere der rein subjektiven Einschätzung einzelner Medien als „wichtigste“ Informationsquelle anzumelden. Die persönliche Willensbildung kann gerade auch durch unbewusste Medienwirkungen beeinflusst werden. Diese, für den Rezipienten nicht bewusst wahrnehmbaren Kriterien kommen in einer solchen Befragung nicht zum Ausdruck.[222] Weiterhin kommen durch die Beschränkung auf ein einzelnes „wichtigstes“ Medium multimediale Informationsrepertoires nicht ausreichend zur Geltung.[223]

220 Siehe Abb. 7.

221 Siehe Abb. 8.

222 Vgl. *KEK*, „Von der Fernsehzentrierung zur Medienfokussierung – Anforderungen an eine zeitgemäße Sicherung medialer Meinungsvielfalt, Bericht der Kommission zur Ermittlung der Konzentration im Medienbereich (KEK) über die Entwicklung der Konzentration und über Maßnahmen zur Sicherung der Meinungsvielfalt im privaten Rundfunk“, in: Schriftenreihe der Landesmedienanstalten, Band 49, S. 59.

223 So *Hasebrink/Schmidt*, „Informationsrepertoires der deutschen Bevölkerung“, in: Arbeitspapiere des Hans-Bredow-Instituts Nr. 24, S. 74.

Bemerkenswert erscheint gleichwohl eine Betrachtung des Verhältnisses zwischen tatsächlicher Nutzung und wahrgenommener Bedeutung eines Mediums für die persönliche Information. Sieht sich die Beschränkung auf die ausschließlich informierende Nutzung zu Recht Kritik ausgesetzt,[224] können diese Zahlen möglicherweise Aufschluss über eine andere – für die Bewertung von Meinungsmacht ungleich relevantere – Unterscheidung nach der Art der Nutzung geben.

Wird Meinungsmacht als Möglichkeit der tatsächlichen Beeinflussung des Prozesses öffentlicher Willensbildung verstanden,[225] kommt der Frage, wie intensiv und bewusst meinungsrelevante Inhalte wahrgenommen werden, entscheidende Bedeutung zu. Ob Inhalte im Wege der intensiven Lektüre oder lediglich nebenbei rezipiert werden, hat maßgeblichen Einfluss auf ihre Meinungsbildungsrelevanz.[226] Gleiches muss für die Frage gelten, ob ein Medium als Primärquelle für meinungsrelevante Inhalte oder lediglich zur Unterstützung zum Tragen kommt. Auch dies hat Auswirkungen auf das Gewicht des jeweiligen Mediums im Prozess der öffentlichen Willensbildung. Obwohl diese Fragen keine ausdrückliche Berücksichtigung im Rahmen der dargestellten Gewichtungsstudie von *TNS Infratest* gefunden haben,[227] sprechen gute Gründe dafür, dass diese unterschiedliche Qualität der Nutzung in ihrem Gesamtergebnis (jedenfalls zum Teil) ihren Niederschlag gefunden hat.[228]

Muss die Aussagekraft einer subjektiven Beurteilung der „Wichtigkeit" eines einzelnen Mediums aus den genannten Gründen angezweifelt werden, kann dieses Kriterium möglicherweise – mittelbar – Auskunft darüber geben, wie bewusst der Medienkonsum jeweils erfolgt und damit die Reichweitenmessung um eine qualitative Dimension erweitern. Dem liegt die These zugrunde, dass nur ein Medium, dessen Inhalte bewusst wahrgenommen werden, dessen Rezeption sich also nicht lediglich nebenbei vollzieht, in der Aufmerksamkeit der Befragten so präsent ist, dass ihm subjektiv eine hohe Bedeutung für die eigene Meinungsbildung beigemessen wird.

Diese These stützen die dargestellten Zahlen für die Radio- und Internetnutzung. Erreicht das Radio mit 27,4 % einen nur knapp hinter dem Fernsehen zurückbleibenden (informierenden) Nutzungsanteil, wird dieses Medium von lediglich 10,9 % der Befragten als wichtigstes Informationsmedium angegeben. Das Internet erzielt umgekehrt bei der informierenden Nutzung einen Anteil von nur 16,5 %, stellt aber für 26,7 % der Befragten das wichtigste Informationsmedium dar. Erreicht das Radio seine hohen Nutzungszahlen wohl gerade auch durch die passive Nutzung als Zweitmedium in Haushalten, Büros und vor allem Autos, ist eine Rezeption von Inhalten über das Internet aufgrund seiner Interaktivität – jedenfalls in weiten Teilen – nur denkbar, wenn dies bewusst, also durch aktive Ansteuerung der Inhalte,

224 Vgl. *KEK*, S. 59.
225 Siehe oben II.1.b).
226 Hierauf weist die KEK richtigerweise hin, *KEK*, a.a.O.
227 Insoweit ist der KEK zuzustimmen, *KEK*, a.a.O.
228 Dies verneint die KEK recht pauschal, vgl. *KEK*, a.a.O.

geschieht. In der Folge erscheint den Befragten die Radionutzung trotz ihrer hohen Quantität weniger bedeutsam, als die im Vergleich geringere dafür aber qualitativ hochwertigere Nutzung von Online-Inhalten. So verstanden, kann der hier gewählte Ansatz jedenfalls unter dem Aspekt der Reichweite einen Mehrwert bieten.

Während „Reichweite" im Rahmen der Gewichtungsstudie also umfassend abgebildet und sogar um eine qualitative Ebene erweitert wird, bleiben andere für die Meinungsbildung relevante Faktoren außer Acht.[229] Die Bewertung des Meinungsbildungsgewichts erfolgt eindimensional. Andere Bewertungskriterien haben auch in der Folge keinen Einfluss auf die Zusammensetzung des „Meinungsmarktes" nach dem Medienkonvergenzmonitor. Insoweit muss angesichts der Komplexität des Einflusses einzelner medialer Erscheinungsformen auf den und innerhalb des Prozesses der öffentlichen Willensbildung die Eignung der gewählten Methodik kritisch hinterfragt werden.

Wollte man dem entgegenhalten, dass die tatsächliche Rezeption, mit anderen Worten die Reichweite als einziges Kriterium quantitativ messbar sei[230] und damit überhaupt nur diese zur Grundlage eines „datenbasierten" Ansatzes gemacht werden könne, verkennt dies zweierlei. Zum einen steckt gerade auch in diesem Verzicht auf weitere Bewertungsebenen eine normative, das Ergebnis durch Vorfestlegungen beeinflussende Wertung. Selbst die Richtigkeit der Aussage unterstellt, müsste zum anderen dann aber die Frage gestellt werden, ob ein solcher, gänzlich auf normative Elemente verzichtender Ansatz zur Bewertung von Meinungsmacht eine naturwissenschaftliche Genauigkeit suggeriert, die tatsächlich nicht besteht und damit die Dimension des Phänomens „Mediale Meinungsmacht" verkennt. Insoweit sprechen gewichtige Argumente dafür, dass eine rein quantitative Ausrichtung per se ungeeignet ist, das Problem vorherrschender Meinungsmacht umfassend und angemessen in den Blick zu nehmen.

---

229 Vgl. *KEK*, a.a.O.

230 Hierfür plädieren wohl auch *Hasebrink/Schmidt*, „Informationsrepertoires der deutschen Bevölkerung", in: Arbeitspapiere des Hans-Bredow-Instituts Nr. 24, S. 74.

IV. Zentrale Problemfelder bei der Bewertung und Verhinderung vorherrschender Meinungsmacht

Die durchgeführte Analyse der verfassungsrechtlichen Vorgaben, ihrer einfachrechtlichen Umsetzung in § 26 RStV und der Anwendungspraxis hat erhebliche Defizite im bestehenden System der Medienkonzentrationskontrolle offenbart. Wie gesehen, wäre es jedoch verfehlt, die Erforderlichkeit eines Instruments zur Verhinderung vorherrschender Meinungsmacht grundsätzlich in Frage zu stellen.[231] Es gilt vielmehr, das bestehende System an veränderte Rahmenbedingungen anzupassen und gleichzeitig für zukünftige Entwicklungen offen zu halten. Die Frage einer besseren Einbeziehung von Tätigkeiten außerhalb des klassischen Fernsehens kann dabei nicht isoliert von einer allgemeinen Reform der Medienkonzentrationskontrolle beantwortet werden. Diese Aspekte sind innerhalb eines neu aufeinander abzustimmenden Gesamtkonzeptes zu berücksichtigen.

Die vorgenommene Analyse und auch ein Blick auf die aktuelle Reformdebatte zeigen, dass hierbei einige grundlegende Weichenstellungen zu treffen sind, die maßgeblich das Gesicht eines reformierten Medienkonzentrationsrechts prägen. Hierbei ist zunächst der immer häufiger anzutreffenden Behauptung entgegenzutreten, es benötige kein eigenständiges Medienkonzentrationsrecht mehr. Ein hinreichendes Maß an Vielfalt in den Medien könne bereits durch Anwendung des Wettbewerbs- und Kartellrechts sichergestellt werden (1.). Im Rahmen einer möglichen Reform müssen darüber hinaus sowohl Fragen nach der methodischen Messung und Gewichtung meinungsbildungsrelevanter Aktivitäten (2.) als auch nach einer Umsetzung dieser „Wissensbasis" in ein Regelungskonzept (3.) beantwortet werden. Diese zentralen Problemfelder werden im Folgenden eingehender diskutiert.

1. Notwendigkeit eines eigenständigen Medienkonzentrationsrechts

Angesichts der inzwischen unüberschaubaren Zahl an Angeboten und dem zunehmenden Verständnis von Medien als Wirtschaftsfaktor[232] wird gelegentlich die Frage aufgeworfen, ob es eines eigenständigen Medienkonzentrationsrechts zur Erreichung der verfassungsrechtlichen Vorgaben noch bedarf oder ob nicht vielmehr den Gesetzen des Marktes mehr Vertrauen geschenkt werden sollte. Das Kartell- und

231 Siehe oben II.1.b).

232 Nicht ohne Grund wird die Debatte zunehmend von einer wettbewerbsrechtlichen Terminologie („Marktanteile", „Medienmärkte", etc.) geprägt.

Wettbewerbsrecht könne hier ausreichende Dienste leisten und gegebenenfalls um medienrechtliche Aspekte ergänzt werden.[233]

Berechtigt ist insoweit sicher der Einwand, Regulierung dürfe kein Selbstzweck sein.[234] Unstreitig ist auch, dass die Vorschriften des Kartell- und Wettbewerbsrechts Anwendung auf Medienunternehmen finden, unabhängig von der konkreten Mediengattung. Sie sind branchenneutral ausgestaltet. Es gilt jedoch zu bedenken, dass die Regelungen des Kartell- und Wettbewerbsrechts und das Medienkonzentrationsrecht unter vielerlei Gesichtspunkte grundverschieden sind.[235]

In Bezug auf den Missbrauch einer bestimmten Marktstellung nehmen die Vorschriften der §§ 19, 20 GWB bzw. des Art. 102 AEUV Unternehmen in den Blick, die sich aufgrund ihrer reinen Größe, aber auch aufgrund anderer Faktoren[236] unabhängig von den Zwängen eines funktionierenden Wettbewerbs verhalten können, die also marktbeherrschend sind. Ihnen werden bestimmte Verhaltensweisen auferlegt bzw. verboten. Diese Regelungen sanktionieren aber nicht das Erreichen einer marktbeherrschenden Stellung, sondern allein ihre missbräuchliche Ausnutzung. Einzig im Rahmen der Fusionskontrolle nach §§ 35 ff. GWB wird bereits das Erreichen oder die Verstärkung einer marktbeherrschenden Stellung in den Blick genommen. Dies geschieht jedoch allein unter dem Aspekt des sog. externen Wachstums, also des Zusammenschlusses mehrerer Unternehmen. Dem Medienkonzentrationsrecht ist es hingegen – zu Recht – gleichgültig, auf welche Art und Weise vorherrschende Meinungsmacht erlangt wurde.[237]

Neben diesen strukturellen Unterschieden ist auch auf die jeweils verfolgten – unterschiedlichen – Ziele hinzuweisen. Das Wettbewerbsrecht ist allein ökonomisch ausgerichtet und zielt primär auf die Offenhaltung von Märkten. Wenngleich sich hiernach getroffene Maßnahmen mittelbar auch auf die publizistische Vielfalt auswirken können,[238] bleibt die Sicherung der Meinungsvielfalt allenfalls ein

233 So bspw. *Cornils*, „Medienkonzentrationsrechtliche Entwicklungen in Bezug auf die Veranstaltung bundesweiten Fernsehens“, in: Hohlfeld/Müller-Terpitz (Hrsg.), Medienkonzentrationskontrolle – Quo vadis?, S. 58.

234 Insoweit zu Recht *Schulz*, „Ziele und Anknüpfungspunkte für die zukünftige Medienregulierung“, Vortrag im Rahmen des DLM-Symposiums 2015 „Moderne Regulierung schaffen, Medienzukunft gestalten“ vom 19.03.2015, S. 1 f.

235 So auch *Kluth/Schulz*, „Konvergenz und regulatorische Folgen. Gutachten im Auftrag der Rundfunkkommission der Länder“, in: Arbeitspapiere des Hans-Bredow-Instituts Nr. 30, S.43f; *Dörr/Heer*, „Das Hamburgische Mediengesetz und die Medienvielfalt“, K&R 2004, 424 (428).

236 Siehe hierzu auch unter II.2.b).

237 So auch *Holznagel/Dörr/Hildebrand*, „Elektronische Medien. Entwicklung und Regulierungsbedarf“, S. 199.

238 Monopolkommission, „Wettbewerbsprobleme bei der Einführung von privatem Hörfunk und Fernsehen“, Sondergutachten 11, Rn. 11; ähnlich auch *Bullinger*, „Konzentration im digitalen Rundfunk“, JZ 2002, 264 (265).

Rechtsreflex.[239] Der Schutz einer solchen, wettbewerbsorientierten Wirtschaftsordnung steht dazu im Grundsatz zur Disposition des Gesetzgebers. Das Grundgesetz ist wirtschaftspolitisch neutral.[240] Umgekehrt erwächst aus Art. 5 Abs. 1 GG der unbedingte Auftrag an den Gesetzgeber, Instrumente zur Verhinderung vorherrschender Meinungsmacht vorzuhalten.

Auch der Versuch, vielfaltsichernde Aspekte stärker in die Abwägungsentscheidungen der Kartellbehörden, beispielsweise im Rahmen der Fusionskontrolle, einzubeziehen, begegnet zu Recht erheblichen Zweifeln. Insbesondere der Anwendungsvorrang des Unionsrechts führt dazu, dass eine entsprechende Anreicherung des nationalen Rechts nur wenige Fälle, solche ohne gemeinschaftsweite Bedeutung, erfassen würde. Es besteht die Gefahr eines „Zweiklassenrechts."[241]

Bereits diese kurze Zusammenschau zeigt, dass Wettbewerbs- und Medienkonzentrationsrecht zwar unbestreitbar Berührungspunkte aufweisen, aber nebeneinander zur Anwendung kommen.[242] Ihre Konzeption und Stoßrichtung sind grundverschieden. Die gesetzlichen Regelungen des Kartell- und Wettbewerbsrechts sind daher nicht geeignet, ein eigenständiges, am Ziel der Verhinderung vorherrschender Meinungsmacht ausgerichtetes Medienkonzentrationsrecht zu ersetzen. Grundsätzlich ist es auch nicht zu beanstanden, dass Zusammenschlüsse von Medienunternehmen in der Folge unterschiedlichen Regelungsregimen genügen müssen.[243] Zwar mag es dabei im Einzelfall zu Zielkonflikten kommen, diese können jedoch kein Argument für den Verzicht auf eine eigenständige Medienkonzentrationskontrolle sein.

2. Messung und Gewichtung meinungsrelevanter Aktivitäten

„Meinungsmacht" selbst ist kein messbarer Wert. Meinungsbeeinflussung vollzieht sich in immer vielfältigerer Art und Weise. Die bisherige Unterscheidung nach Mediengattungen sieht sich zudem vor ganz neue Herausforderungen gestellt: In der digitalen Medienwelt treten neue Akteure hervor, deren Einfluss sich in zentralen Punkten von dem klassischer Inhalteanbieter unterscheidet, sog. Inhaltevermittler oder Intermediäre. Zentrale Fragen der Messung und Gewichtung des Einflusses von Inhalteanbietern (a.) und Inhaltevermittlern (b.) werden im Folgenden behandelt.

---

239 Vgl. auch *Holznagel/Dörr/Hildebrand*, „Elektronische Medien. Entwicklung und Regulierungsbedarf", S. 198.

240 Vgl. hierzu nur BVerfGE 7, 377 (400), m.w.N. aus d. Rspr.

241 Vgl. Zwischenbericht der Bund-Länder-Kommission zur Medienkonvergenz, S. 24.

242 Vgl. auch *Dörr/Heer*, „Das Hamburgische Mediengesetz und die Medienvielfalt", K&R 2004, 424 (428).

243 So auch *Kluth/Schulz*, „Konvergenz und regulatorische Folgen. Gutachten im Auftrag der Rundfunkkommission der Länder", in: Arbeitspapiere des Hans-Bredow-Instituts Nr. 30, S.44.

a) Meinungsmacht von Inhalteanbietern

aa) Bedeutung des Fernsehens

Eine der zentralen Fragen ist diejenige nach der zukünftigen Rolle des Fernsehens im System der Medienkonzentrationskontrolle. Wenngleich dies nichts über die Qualität der Nutzung aussagt, zeigen die angeführten Erhebungen[244] unisono, dass das Fernsehen für den Großteil der Bevölkerung derzeit immer noch das meistgenutzte und bedeutendste Medium ist. Auch bezogen auf Nutzergruppen, deren Mediennutzung sich zunehmend multimedial, also aus mehreren Quellen speist, geht die vermehrte Nutzung insbesondere des Internets nur teilweise zu Lasten der Fernsehnutzung. Die Nutzung anderer Medien tritt vielmehr zu einem weitgehend gleichbleibend hohen Niveau der Fernsehnutzung hinzu.[245] Dennoch ist ein Trend zu beobachten, dass trotz gleichbleibend hoher quantitativer Nutzung[246] die subjektiv wahrgenommene Bedeutung des Fernsehens für die persönliche Information nachlässt:[247]

Abb. 9 – Fernsehen/Internet als wichtigstes Informationsmedium in der subjektiven Wahrnehmung im Trend in %

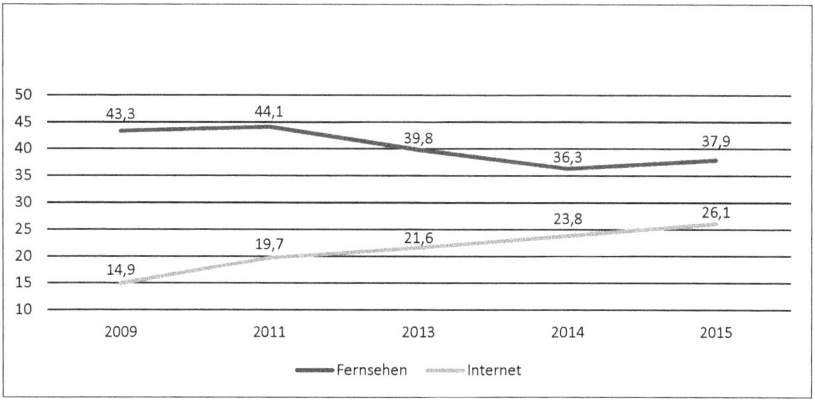

Für die Altersgruppe der 14- bis 29-Jährigen hat *TNS Infratest* sogar eine Umkehr in der tatsächlichen Nutzung von Fernsehen und Internet festgestellt. Im Rahmen der

244 Siehe oben III.1 und 2.

245 Vgl. *Hasebrink/Schmidt*, „Informationsrepertoires der deutschen Bevölkerung“, in: Arbeitspapiere des Hans-Bredow-Instituts Nr. 24, S. 71; Siehe auch Abb. 2.

246 Siehe Abb. 2.

247 Siehe Abb. 9; vgl. auch *Hasebrink/Schmidt*, „Informationsrepertoires der deutschen Bevölkerung“, in: Arbeitspapiere des Hans-Bredow-Instituts Nr. 24S. 71.

informierenden Nutzung kommt das Fernsehen in dieser Gruppe auf einen Anteil von 41,6 %, das Internet bereits auf 48,0 %.[248]

Abb. 10 – Tagesreichweite der Mediengattungen im 2. HJ 2015 nach Alter (%)

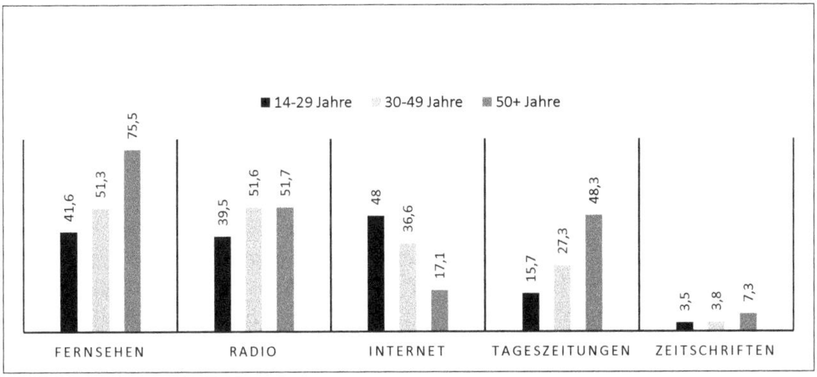

Auch die KEK konstatiert nach den von ihr zugrunde gelegten Kriterien der Breitenwirkung, Aktualität und Suggestivkraft eine Verringerung des Abstands zu anderen medialen Angeboten, insbesondere im Internet.[249] Vor diesem Hintergrund gerät die außerordentlich starke Fokussierung der Medienkonzentrationskontrolle auf das (bundesweite) Fernsehen unter zunehmenden Rechtfertigungsdruck.[250] Dies gilt nicht nur unter dem Aspekt der effektiven Verhinderung vorherrschender Meinungsmacht, sondern auch unter dem Gesichtspunkt einer möglicherweise auf lange Sicht ungleichen Behandlung von zunehmend Gleichem.

Gleichwohl betont das BVerfG auch in seiner jüngsten Rechtsprechung die herausgehobene Bedeutung, die dem Rundfunk im Ganzen, aber insbesondere dem Fernsehen wegen seiner Breitenwirkung, Aktualität und Suggestivkraft zukomme. Die Anforderungen an die gesetzliche Ausgestaltung der Rundfunkordnung seien trotz der Entwicklung von Kommunikationstechnologie und Medienmärkten keineswegs überholt.[251]

Vor diesem Hintergrund muss das Medienkonzentrationsrecht auf drei Fragen Antworten finden. Zum Einen gilt es die derzeitige „doppelte" Fernsehzentriertheit[252] des § 26 RStV zu hinterfragen, also das strukturelle Erfordernis der Beteiligung eines

---

248 Siehe Abb. 10; siehe auch *Hasebrink/Schmidt*, S. 16.

249 Siehe oben III.1.

250 So auch *Cornils*, „Medienkonzentrationsrechtliche Entwicklungen in Bezug auf die Veranstaltung bundesweiten Fernsehens", in: Hohlfeld/Müller-Terpitz (Hrsg.), Medienkonzentrationskontrolle – Quo vadis?, S. 35.

251 BverfGE 136, 9 (28).

252 Siehe oben II.2.b).

Fernsehveranstalters zur Erlangung vorherrschender Meinungsmacht.[253] Hiervon unabhängig stellt sich zweitens die Frage, ob das Fernsehen, bezogen auf sein Wirkpotential, auch weiterhin als Referenzmaßstab anzusehen ist. Soll also zum einen das Fernsehen auch weiterhin das obere Ende der Skala bilden[254] und soll zum anderen die Beurteilung des Wirkpotentials anderer medialer Erscheinungsformen auch methodisch weiterhin ausschließlich im Vergleich zur Wirkungsweise des Fernsehens erfolgen? Würde man dies konsequent fortführen, wäre der von der KEK für Tageszeitungen angenommene Ausgleich des Reichweitennachteils durch eine höhere Disponibilität[255] rechtfertigungsbedürftig, da die KEK hier ein Element heranzieht, dass das Merkmal der „Breitenwirkung" im Grunde gar nicht beinhaltet.[256] Möglicherweise versperrt die Fernsehfokussierung hier den Blick für andere Formen der Meinungsbeeinflussung, die nicht nach den hergebrachten Maßstäben erfasst werden können, jedenfalls aber nicht mit diesen vergleichbar sind.[257] Drittens ließe sich in Erwägung ziehen, die besondere Bedeutung des Fernsehens lediglich auf Rechtsfolgenseite zu berücksichtigen. „Meinungsmacht" könnte so zwar medienübergreifend begriffen und ermittelt, meinungsmächtigen Unternehmen aber gerade nur der Zugang zum Rundfunk- oder Fernsehmarkt verwehrt werden.[258]

Trotz der festgestellten Erosionstendenzen muss das Verständnis des Fernsehens als Leitmedium – jedenfalls nach heutigem Stand und bezogen auf die Gesamtbevölkerung – nach wie vor ungebrochene Zustimmung finden. Dieser Bedeutung für den Prozess öffentlicher Willensbildung muss auch ein für zukünftige Entwicklungen offen gestaltetes Medienkonzentrationsrecht Rechnung tragen. Gleichwohl müssen die Realitäten cross-medialer Wirkungsformen sowie Änderungen der Nutzungsgewohnheiten jedenfalls in Teilen der Bevölkerung wahr- und aufgenommen werden. Ein Festhalten an der strukturellen Fernsehzentriertheit im Sinne der ersten aufgeworfenen Frage würde den regulatorischen Status quo mit all seinen Defiziten

---

253 So aber wohl die KEK, die einen „fernsehbasierten Ansatz" befürwortet, bei dem die „crossmediale konzentrationsrechtliche Bewertung an die Beteiligung eines bundesweiten Fernsehveranstalters [...] knüpft", vgl. *KEK*, „Von der Fernsehzentrierung zur Medienfokussierung – Anforderungen an eine zeitgemäße Sicherung medialer Meinungsvielfalt, Bericht der Kommission zur Ermittlung der Konzentration im Medienbereich (KEK) über die Entwicklung der Konzentration und über Maßnahmen zur Sicherung der Meinungsvielfalt im privaten Rundfunk", in: Schriftenreihe der Landesmedienanstalten, Band 49, S. 507.

254 Die KEK berechnet das Wirkpotential anderer Mediengattungen in Bruchteilen der Fernsehwirkung, vgl. Tabelle II-8 in KEK, S. 163.

255 Siehe unter III.1.

256 Kritisch daher *Bornemann*, „Wie die KEK gefühlte Meinungsmacht in eine Eingriffskompetenz umrechnet", MMR 2006, 275 (277).

257 Vgl. hierzu unter IV.2.b).

258 Vgl. *Cornils*, „Medienkonzentrationsrechtliche Entwicklungen in Bezug auf die Veranstaltung bundesweiten Fernsehens", in: Hohlfeld/Müller-Terpitz (Hrsg.), Medienkonzentrationskontrolle – Quo vadis?, S. 48.

zementieren und erscheint vor diesem Hintergrund nicht nur überflüssig, sondern sogar kontraproduktiv. Insoweit ist der Ansatz des Medienkonvergenzmonitors, einen medienübergreifenden „Meinungsmarkt" zum Maßstab zu nehmen und darin „Rundfunk, Print und Onlinemedien gemeinsam"[259], ohne Vorprägung durch ein einzelnes Medium zu erfassen, im Ergebnis nur konsequent und kann, bei aller berechtigten Kritik im Einzelnen,[260] nur begrüßt werden.[261] Wird strukturell auf eine entsprechende fernsehbezogene Vorprägung verzichtet, muss im Sinne der zweiten aufgeworfenen Frage gleichwohl seine besondere Relevanz an anderer Stelle Berücksichtigung finden. Wie gesehen, speist sich die besondere Bedeutung des Fernsehens für den Prozess öffentlicher Willensbildung heute vor allem aus der ihm innewohnenden Suggestivkraft bewegter Bilder. Daher muss ein reformiertes Medienkonzentrationsrecht insbesondere diese Wirkdimension erfassen. Modellen, die ausschließlich auf bloßen Reichweitenmessungen basieren, muss daher eine Absage erteilt werden. Dies zugrunde gelegt, erscheint es aber konsequent und überlegenswert, nicht das Fernsehen als solches zum Maßstab zu erklären, sondern seine ihm typische Darreichungsform des Bewegtbildes. Fernsehspezifische Regelungen im Rahmen der positiven Vielfaltsicherung ließe dies unberührt.

bb) Anknüpfen an technische Verbreitungswege

In der Folge stellt sich die grundsätzliche Frage, ob in einer zunehmend entgrenzten und konvergenten Medienlandschaft eine Orientierung an den klassischen Mediengattungen, also ein Anknüpfen am jeweiligen Verbreitungsweg zunehmend überholt[262] und daher eine Betrachtung der konkreten Angebote und Inhalte bzw. deren Darreichungsform angezeigt ist.

Das bestehende Medienkonzentrationsrecht setzt hier eindeutige Grenzen. Mit der Anknüpfung an das bundesweite Fernsehen sowie der Verwendung des Begriffs der „medienrelevanten verwandten Märkte" in § 26 Abs. 2 S. 2 RStV wird die weitere Prüfung maßgeblich vorgeprägt. Insoweit knüpft die derzeitige Regelung ausdrücklich an die technischen Verbreitungswege an.

---

259 Siehe DLM-Pressemitteilung 06/2014, „‚Medienkonvergenzmonitor' – Meinungsbildung und Vielfalt in einer konvergenten Medienlandschaft", online abrufbar unter http://www.die-medienanstalten.de/presse/pressemitteilungen/ direktoren konferenz-der-landesmedienanstalten/detailansicht/article/dlm-pressemitteilung-062014-medienkonvergenzmonitor-meinungsbildung-und-vielfalt-in-der.html.

260 Siehe III.2.

261 Vgl. hierzu auch *Dörr/Natt*, „Suchmaschinen und Meinungsvielfalt – Ein Beitrag zum Einfluss von Suchmaschinen auf die demokratische Willensbildung", ZUM 2014, 829 (846).

262 So auch *Prat*, „Media Power", S. 3, wenngleich mit der in diesem Punkt nicht überzeugenden (Teil-)Begründung „what matters from the point of view of democracy is whether citizens are informed, not whether they get their news from ink and paper, a television screen, or their mobile phone".

Aus verfassungsrechtlicher Perspektive ist dies jedoch nicht zwingend. Die besondere Meinungsrelevanz des Rundfunks speist sich gerade nicht aus seiner Stellung als technische Verbreitungsform, sondern wesentlich aus der dahinterliegenden besonderen Wirkweise, also seiner Darreichungsform. Dies zeigt sich besonders deutlich am Merkmal der „Suggestivkraft". Insbesondere die Kombination von Text und Bewegtbild ist geeignet, Informationen den Anschein hoher Authentizität zu verleihen und so zu einem unkritischen, „eher unbewussten und irrationalen Umgang"[263] mit Informationen zu verleiten. Entscheidend für die Bestimmung des Meinungsbeeinflussungspotentials ist also nicht das Medium als solches, sondern vielmehr die konkrete Darreichungsform bzw. die Rezeptionsart.

Eine pauschale Anknüpfung an die jeweilige Mediengattung zur Ermittlung des spezifischen Meinungsbeeinflussungspotentials einzelner Angebote lässt sich vor diesem Hintergrund nur dann rechtfertigen, wenn die innerhalb der jeweiligen Mediengattung anzutreffenden Angebote eine ausreichende Homogenität aufweisen, wenn also die für die betroffene Mediengattung insgesamt festgestellte, spezifische Wirkweise – jedenfalls im Wesentlichen – auf alle innerhalb dieser Mediengattungen publizierten Angebote zutrifft. Bereits für die klassischen Mediengattungen kann dies jedoch angezweifelt werden. Auch die KEK kommt nicht umhin festzustellen, dass beispielweise die „BILD"-Zeitung „mit ihren eher bunten und unterhaltungsorientierten Informationen und Darstellungen im Vergleich mit den ‚klassischen' Abonnementzeitungen über eine höhere Suggestivkraft"[264] verfügt.

Bewegen sich derartige Unterschiede möglicherweise noch in einem tolerierbaren Rahmen,[265] kann dies spätestens für Angebote, die über das Internet verbreitet werden, nicht mehr gelten. Hier stellt die KEK zu Recht fest, dass das Internet nicht „als solches" auf seine Meinungsbildungsrelevanz hin beurteilt werden kann.[266] Das Internet beinhaltet eine Vielzahl unterschiedlicher Angebotstypen. Für die Frage der Homogenität im angesprochenen Sinn ist dabei die inhaltliche Varianz, also das Zusammentreffen von informierenden und unterhaltenden Inhalten, nicht entscheidend.[267] Ausschlaggebend für den hier behandelten Kontext sind vielmehr die durch die Digitalisierung möglich gewordene grenzenlose Übertrag- und Kombinierbarkeit

263 *Held*, „Online-Angebote öffentlich-rechtlicher Rundfunkanstalten: Eine Untersuchung des verfassungsrechtlich geprägten und einfachgesetzlich ausgestalteten Funktionsauftrags öffentlich-rechtlichen Rundfunks im Hinblick auf Internet-Dienste", S. 101.

264 Beschluss der KEK vom 10.01.2006 i.S. ProSiebenSat.1/Springer, Az.: KEK 293, S. 91.

265 So die KEK für die klassischen Medien Fernsehen, Radio und Presse, vgl. *KEK*, „Von der Fernsehzentrierung zur Medienfokussierung – Anforderungen an eine zeitgemäße Sicherung medialer Meinungsvielfalt, Bericht der Kommission zur Ermittlung der Konzentration im Medienbereich (KEK) über die Entwicklung der Konzentration und über Maßnahmen zur Sicherung der Meinungsvielfalt im privaten Rundfunk", in: Schriftenreihe der Landesmedienanstalten, Band 49, S. 55.

266 Vgl. *KEK*, S. 55.

267 Siehe hierzu aber im Folgenden unter IV.2.a).dd).

verschiedener Darreichungsformen (Bewegtbild, Text, Ton). Hierdurch kommt unterschiedlichen Angeboten trotz eines einheitlichen Verbreitungswegs über das Internet ein vollkommen unterschiedlich zu bewertendes Meinungsbeeinflussungspotential zu. Der Unterschied zwischen Bewegtbildangeboten im Rahmen von Mediatheken und einem im Wesentlichen auf Text basierenden Angebot wie „SpiegelOnline" liegt auf der Hand.[268] In der Kommunikationswissenschaft wird darüber hinaus die These formuliert, dass im Internet möglicherweise sogar zwischen unterschiedlichen Bewegtbildangeboten differenziert werden müsse. So komme Angeboten, bei denen der Nutzer ein Video gezielt und damit reflektiert auswähle, möglicherweise ein geringeres Meinungsbeeinflussungspotential zu als klassisch linearen Angeboten.[269] Inwieweit sich diese These auf die Trennung von linearen und nicht-linearen Angeboten im Rahmen der Richtlinie über audiovisuelle Mediendienste (AVMD) und die diesbezüglichen Reformbestrebungen auf Unionsebene auswirkt, soll hier offen bleiben.[270]

In der Gesamtschau zeigt sich, dass die möglicherweise ohnehin auf wackeligen Füßen stehende These der Homogenität klassischer Massenmedien im digitalen Zeitalter kaum mehr zu halten sein wird. Die Bandbreite in den Medien anzutreffender Darreichungsformen ist inzwischen weit differenzierter zu bewerten als dies ein pauschal nach Mediengattungen unterscheidendes Raster erfassen kann. In der Folge kann mit guten Argumenten die Auffassung vertreten werden, dass ein Anknüpfen an die jeweilige konkrete Darreichungsform für die Beurteilung des Meinungsbeeinflussungspotentials einzelner Angebote vorzuziehen ist.

Gleichwohl ist zuzugeben, dass hier das theoretisch Wünschenswerte in Konflikt gerät zum faktisch Machbaren. Könnte eine Ausrichtung der „Gewichtungsfaktoren" (KEK) bzw. des „Meinungsbildungsgewichts" (Medienkonvergenzmonitor) abstrakt unproblematisch auch anhand der in Betracht kommenden Darreichungsformen

268 Vgl. auch *Neuberger/Lobigs*, „Die Bedeutung des Internets im Rahmen der Vielfaltssicherung – Gutachten im Auftrag der Kommission zur Ermittlung der Konzentration im Medienbereich (KEK)", in: Schriftenreihe der Landesmedienanstalten Band 43, S. 56 zur Bewertung des Internets; *Bornemann*, „Wie die KEK gefühlte Meinungsmacht in eine Eingriffskompetenz umrechnet", MMR 2006, 275 (279); *Schulz/Held*, S. 68f.

269 Vgl. *Neuberger/Lobigs*, S. 20, die dies jedoch durch eine höhere Disponibilität ausgeglichen sehen.

270 Vgl. aber *Kommission*, Grünbuch über die Vorbereitung auf die vollständige Konvergenz der audiovisuellen Welt: Wachstum, Schöpfung und Werte, COM (2013) 231, 24.04.2013, S. 13, auch dort wird der „Möglichkeit der Steuerung durch den Verbraucher" Bedeutung beigemessen. Der Entwurf der *Kommission* für eine reformierte AVMD-Richtlinie vom 25.05.2016 (COM (2016) 287 final) hält zwar an der definitorischen Unterscheidung am Maßstab der Linearität fest, ebnet jedoch die Unterschiede im Rahmen der anzuwendenden Vorschriften in wesentlichen Teilen ein.

erfolgen,[271] stieße ein solches Vorgehen spätestens auf der Ebene der nachfolgend durchzuführenden Reichweitenmessung an seine Grenzen. Die bislang herangezogenen anerkannten Reichweitenstudien haben gerade einzelne Mediengattungen als Bezugsgröße.[272] Eine Erfassung aller Angebote in Unterscheidung nach der jeweils im Vordergrund stehenden Darreichungsform erscheint daher illusorisch.

Gleichwohl muss das Medienkonzentrationsrecht auf die Veränderungen der Medienlandschaft Antworten finden. Keine Lösung kann es sein, das Wirkpotential einzelner Darreichungsformen auszublenden und ausschließlich auf das nach Mediengattungen abgrenzbare Kriterium der Reichweite abzustellen. Diesen Ansatz verfolgt aber der Medienkonvergenzmonitor der DLM. Zielführend kann daher nur ein Modell sein, welches die tatsächlichen Grenzen des Messbaren anerkennt, gleichzeitig aber normative Bewertungsspielräume für die Betrachtung der konkret in Rede stehenden Angebote offen lässt.[273]

cc) Einbeziehung von Angeboten des öffentlich-rechtlichen Rundfunks

Eine Frage, die bereits im Rahmen der Debatte um das Zuschaueranteilsmodell diskutiert wurde, ist die nach der Rolle des öffentlich-rechtlichen Rundfunks im System der Medienkonzentrationskontrolle. Diese Problematik ist, soweit ersichtlich, inzwischen jedoch aus dem Fokus der nationalen Debatte gerückt. Ihre Relevanz sollte aber vor dem Hintergrund einer sinkenden Nutzung des öffentlich-rechtlichen Rundfunks in bestimmten Bevölkerungsteilen nicht unterschätzt werden. Sie soll daher an dieser Stelle zumindest kurz angerissen werden.

Nach den Erhebungen des Medienkonvergenzmonitors entfällt auf die öffentlich-rechtlichen Rundfunkanstalten im Bereich des Fernsehens ein zurechenbarer Anteil von insgesamt 47,9 % (ARD 28,3 %, ZDF 19,6 %), im Bereich des Hörfunks kommen die Anstalten der ARD auf 55,3 %.[274] Rund die Hälfte des Konsums der Gesamtbevölkerung in diesen Mediengattungen findet also im Rahmen öffentlich-rechtlich veranstalteter Angebote statt. Demgegenüber erreicht der größte private Anbieter, die RTL Group, im Fernsehen lediglich einen Anteil von 22,7 %, im Hörfunk von 7,6 %.[275]

---

271 Beispielsweise könnte „Bewegtbild" den Wert 100 erhalten, „Ton" den Wert 80, „Text" den Wert 50 usw.

272 GfK bzw. AGF = Fernsehen; agma = Hörfunk, Tageszeitungen und Zeitschriften; nielsen = Online-Angebote, vgl. *Kors*, „Die Wissensbasis: Ergebnisse des neuen DLM-Medienkonvergenzmonitors", Vortrag im Rahmen des DLM-Symposiums 2015 „Moderne Regulierung schaffen, Medienzukunft gestalten" vom 19.03.2015, S. 20.

273 Siehe hierzu sogleich unter V.

274 Siehe Abb. 11 und 12.

275 Siehe Abb. 11.

Abb. 11 – Anteile der Medienunternehmen an der Fernsehnutzung in Deutschland im 2. HJ. 2015 (%), Überschreitung von 100% ergibt sich daraus, dass Beteiligungs-Anteile von 25% und mehr einem Unternehmen voll zugerechnet werden.

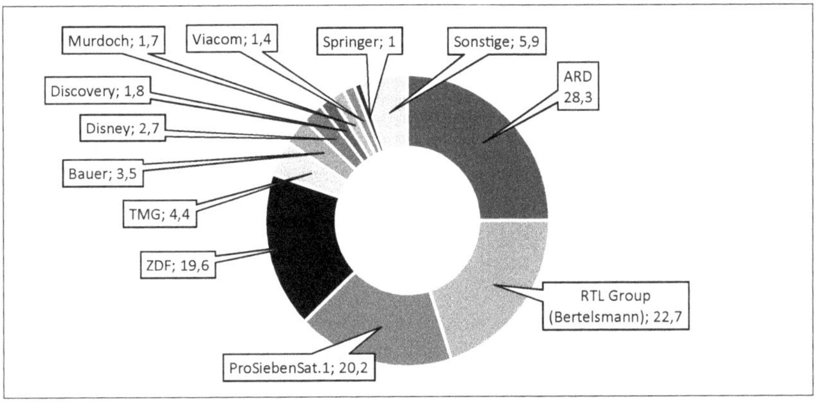

Abb. 12 – Anteile der Medienunternehmen an der Hörfunknutzung in Deutschland im 2. HJ. 2015 (%), Überschreitung von 100% ergibt sich daraus, dass Beteiligungs-Anteile von 25% und mehr einem Unternehmen voll zugerechnet werden.

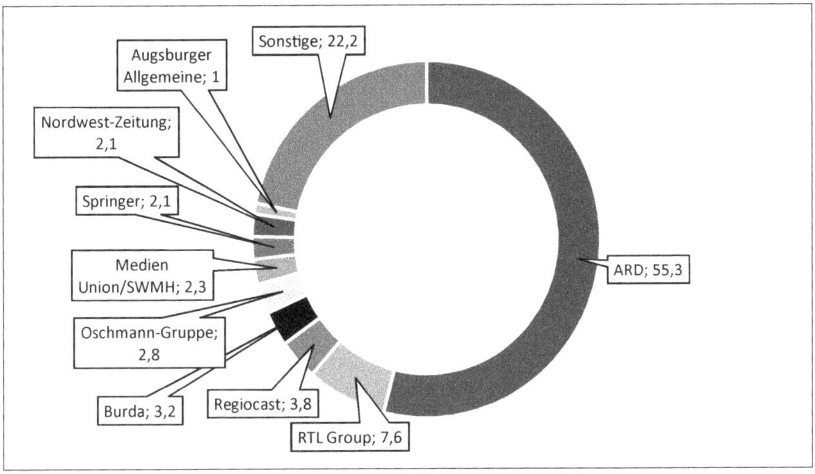

Angesichts dieser außerordentlich hohen Zuschauer- bzw. Höreranteile wurde gegen eine Einbeziehung teilweise angeführt, dass so die Meinungsrelevanz privater Anbieter erheblich verfälscht würde. Dem liegt das unter II.1.b) skizzierte Argument zugrunde, dass die Kontrolle über Inhalte bereits innerhalb der öffentlich-rechtlichen Rundfunkanstalten durch ihre binnenplurale Organisation gebrochen ist. So verstanden komme den öffentlich-rechtlichen Rundfunkanstalten keinerlei vielfaltsverfälschende Wirkung zu. Sie seien quasi neutral und müssten daher von einer Bewertung ausgenommen werden.[276]

Mögen die Angebote des öffentlich-rechtlichen Rundfunks selbst also keine verfälschende Wirkung haben, bedeutet dies jedoch nicht gleichzeitig, dass sie sich auf die Meinungsmachtverhältnisse in den Medien nicht auswirken. Die Existenz des öffentlich-rechtlichen Rundfunks „verwässert" gewissermaßen das Einflusspotential der übrigen Anbieter. In dem Maße, in dem die Angebote des öffentlich-rechtlichen Rundfunks genutzt werden, sinkt das Beeinflussungspotential anderer Angebote. Insoweit ist es nur folgerichtig, auf das Gesamtangebot abzustellen, die Angebote des öffentlich-rechtlichen Rundfunks also in das System der Medienkonzentrationskontrolle mit einzubeziehen.[277]

Etwas anderes könnte im Ergebnis jedoch dann angezeigt sein, wenn festzustellen ist, dass der öffentlich-rechtliche Rundfunk mit seinen Angeboten wesentliche Teile der Bevölkerung nicht mehr erreicht. Dies wird teilweise bereits heute für die Altersgruppe der 14- bis 29-Jährigen angenommen.[278] In einem solchen Fall würden der angeführte „Verwässerungseffekt" und damit auch das wesentliche Argument für die Einbeziehung des öffentlich-rechtlichen Rundfunks entfallen. Insofern muss bereits an dieser Stelle der gewählte bundesweite und auf die Gesamtbevölkerung bezogene Maßstab in Frage gestellt werden. Hier erscheint eine genauere Betrachtung der Meinungsbildung innerhalb einzelner Bevölkerungsgruppen angezeigt.[279]

---

276 Vgl. *Clausen-Muradian*, „Konzentrationskontrolle im privaten Rundfunk – Der neue Rundfunkstaatsvertrag (RfStV) 1997", ZUM 1996, 934 (944f.), m.w.N.

277 So auch *Dörr/Heer*, „Das Hamburgische Mediengesetz und die Medienvielfalt", K&R 2004, 424 (427).

278 Siehe Abb. 13; vgl. *Dörr/Deicke*, „Positive Vielfaltsicherung – Bedeutung und zukünftige Entwicklung der Fensterprogramme für die Meinungsvielfalt in den privaten Fernsehprogrammen, Studie des Mainzer Medieninstituts, S.33.

279 Siehe hierzu vertiefend unter IV.3.b).

Abb. 13 – „Öffentlich-rechtliche Anstalten vs. Privatsender: Zuschauer 14 bis 29 Jahre“

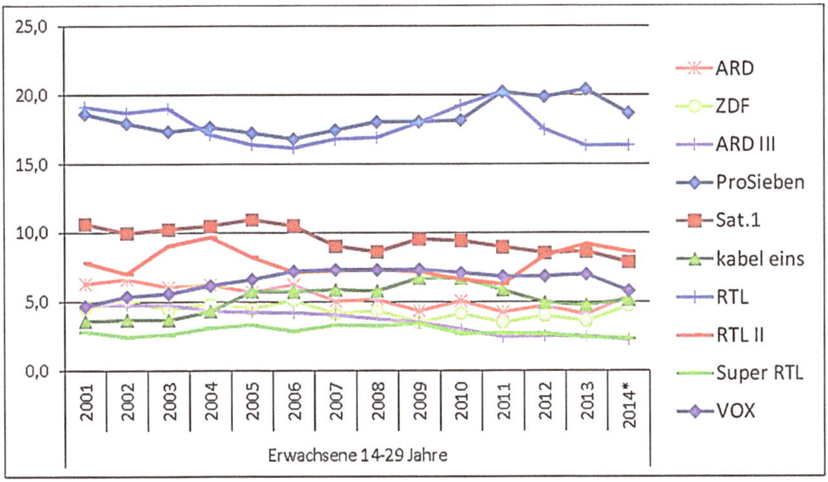

* Werte 01.01.-30.06.2014

Eine andere Frage ist, ob der öffentlich-rechtliche Rundfunk darüber hinaus auch zum Gegenstand der Medienkonzentrationskontrolle gemacht werden soll. Dies ist unter Verweis auf seine binnenplurale Struktur zu verneinen. Einem Missbrauch seiner (zweifelsfrei bestehenden) Meinungsmacht wird innerhalb des öffentlich-rechtlichen Rundfunks ausreichend durch die zur Aufsicht berufenen Gremien und deren Zusammensetzung vorgebeugt.

dd) Beschränkung auf besonders meinungsrelevante Angebotstypen

Fraglich ist weiterhin, ob wie bislang, eine Unterscheidung nach der Meinungsbildungsrelevanz einzelner Inhalte unterbleiben oder, wie beispielsweise im Medienkonvergenzmonitor der DLM vorgesehen, nur bestimmte Inhalte oder Angebotstypen zur Bewertungsgrundlage gemacht werden sollen. Bereits in der Debatte um die Implementierung des Zuschaueranteilsmodells wurde für den Rundfunk kritisch angemerkt, dass die Meinungsbildungsrelevanz eines Sportspartenprogramms kaum mit dem eines Vollprogramms zu vergleichen sei.[280]

Insoweit muss hinsichtlich der behaupteten Homogenität klassischer Medien[281] differenziert werden. Eine solche kann allenfalls für die jeweils vorherrschende Darreichungsform (Ton, Text, Bewegtbild, etc.) angenommen werden, nicht jedoch für die transportierten Inhalte. Diesbezüglich verfügen alle Mediengattungen über

280 Vgl. *Clausen-Muradian*, „Konzentrationskontrolle im privaten Rundfunk – Der neue Rundfunkstaatsvertrag (RfStV) 1997“, ZUM 1996, 934 (944).

281 Siehe unter IV.2.a).bb).

eine große Bandbreite inhaltlicher Varianz. Klassische Nachrichten, Dokumentationen und Informationsangebote finden sich hier gleichermaßen wie Angebote der Beratung und Unterhaltung, wenn auch nicht immer bei ein und demselben Anbieter. Am deutlichsten tritt diese Diversität im Internet zutage. Bemerkenswert erscheint vor diesem Hintergrund auch die im Rahmen des Medienkonvergenzmonitors gemessene Diskrepanz zwischen informierender und sonstiger Internetnutzung. Nutzen 60,6 % der Befragten täglich zumindest auch das Internet, tut dies weniger als die Hälfte hiervon zu informierenden Zwecken.[282] Diese Differenz ist deutlich ausgeprägter als in anderen Mediengattungen.

Fraglich ist gleichwohl, welche Schlussfolgerungen aus diesem Befund zu ziehen sind. Hierbei handelt es sich keineswegs um eine Nebensächlichkeit, sondern um eine der bedeutendsten Fragen für die Kontrolle von Meinungsmacht. Werden einzelne Angebotsformen aus dem Anwendungsbereich der Medienkonzentrationskontrolle ausgenommen, wird ihnen faktisch jegliche Meinungsbildungsrelevanz abgesprochen. Jedenfalls wäre dies gleichbedeutend mit der Aussage, dass solche Inhalte in ihrer Wirkung nicht über ein „de minimis" hinauskommen, mithin also vernachlässigbar seien. So muss auch der Ansatz des Medienkonvergenzmonitors verstanden werden, der ausschließlich „informierende" Angebote in seine Betrachtungen einbezieht.

Ein solches Vorgehen ist in hohem Maße rechtfertigungsbedürftig, betont das BVerfG doch in ständiger Rechtsprechung, dass nicht nur politische Information im engeren Sinne zur Meinungsbildung beitrage. Vielmehr vollziehe sich Meinungsbildung auch aus anderen Gegenständen des öffentlichen Interesses, ohne das hierfür objektive Kriterien für Relevanz oder Irrelevanz vorgegeben werden könnten.[283] Für die Meinungsbildung relevant sind danach nicht nur klassische Nachrichtensendungen, politische Kommentare oder Dokumentationen, sondern gerade auch unterhaltende Formate wie Hörspiele, musikalische Darbietungen[284] oder auch Sportberichterstattung.[285] Selbst wollte man das Argument der vermeintlichen Neutralität dieser Angebotsformen teilen, kann nur schwer behauptet werden, ihr Konsum habe keinerlei Auswirkungen auf demokratische Entscheidungsprozesse. Dies zeigen sinkende Wahlbeteiligungen in einer Zeit, in der die Entpolitisierung ganzer Bevölkerungsgruppen zunehmend als Bedrohung für die Demokratie wahrgenommen werden muss.

Umgekehrt ist jedoch fraglich, ob aus der grundsätzlichen Anerkennung der Meinungsbildungsrelevanz aller Angebote zwingend eine vollständige Gleichbehandlung folgen muss oder ob eine Differenzierung zwischen einzelnen Angebotstypen möglich bleibt. Insoweit ist anzuerkennen, dass verschiedene Angebotstypen

282 Siehe Abb. 4.
283 Vgl. BVerfGE 97, 228 (257).
284 Vgl. BVerfGE 12, 205 (260); 31, 314 (326).
285 Vgl. BVerfGE 97, 228 (257).

unterschiedlich auf die Meinungsbildung Einfluss nehmen.[286] Eine unterschiedliche Behandlung verschiedener Angebotstypen kann daher auch lediglich bestehende Realitäten aufnehmen und vor diesem Hintergrund möglicherweise sogar angezeigt sein, solange die grundsätzlich anzuerkennende Meinungsbildungsrelevanz aller Angebotsformen damit nicht negiert wird. In jedem Fall bedarf es einer Rückkoppelung an die Ziele der negativen Vielfaltsicherung.

Ein Blick in die Literatur macht deutlich, dass vorherrschende Meinungsmacht im Wesentlichen unter zwei verschiedenen Aspekten betrachtet werden kann. Einerseits wird als primäres Ziel des Medienkonzentrationsrechts der Schutz von Wahlen und politischen Einzelentscheidungen angeführt.[287] Hierbei steht die Möglichkeit einzelner Akteure im Vordergrund, kurzfristig Debatten in eine bestimmte Richtung zu lenken und damit beispielsweise Wahlkämpfe unbillig zu beeinflussen.[288] Der relevante Teil der Meinungsbildung spiele sich daher in erster Linie in einer, durch klassische, professionelle, journalistisch-redaktionelle Arbeit geprägten, politischen Öffentlichkeit ab. Dieser Bereich weise ein höheres Maß an Meinungsbildungsrelevanz und Missbrauchsanfälligkeit auf als andere Genres, wie beispielsweise Bildung, Beratung, Kultur, Unterhaltung, Sport oder Kunst.[289] Vor dem Hintergrund dieses Verständnisses muss auch der Ansatz des Medienkonvergenzmonitors verstanden werden, nach dem ausschließlich „informierende" Inhalte über die Bewertung von Meinungsmacht entscheiden sollen. Dahinter steht wohl die Absicht, vor allem unterhaltende Inhalte vorab auszusondern. Unabhängig davon, ob man diesen Ansatz im Grundsatz teilt, weist jedoch bereits der Begriff der „informierenden Inhalte" per se eine Unschärfe auf, die seine praktische Verwertbarkeit in Frage stellt. Insoweit dürften beispielsweise auch die Recherche nach Sportergebnissen oder Berichte über zwar möglicherweise prominente, der Politik aber in keiner Weise nahestehende Personen, wie sie vor allem in der sog. Regenbogenpresse anzutreffen sind, unter den Begriff subsumiert werden können. Wo hier dann aber noch eine trennscharfe Abgrenzung zu anderen unterhaltenden Inhalten liegen soll, bleibt unklar.

Eine einseitige Betrachtung von Meinungsmacht unter dem Aspekt des streng Politischen verkennt darüber hinaus die Bedeutung einer zweiten Wirkdimension. *Schulz/Held* bezeichnen diese als „kontinuierliche Kultivierungseffekte von

---

286 Vgl. *Schulz/Held*, „Die Zukunft der Kontrolle der Meinungsmacht", Gutachten im Auftrag der Friedrich-Ebert-Stiftung, S. 57f.

287 Vgl. *Engel*, „Die Messung der Fernsehnutzung als Voraussetzung eines Marktanteilsmodells", ZUM 1995, 653 (653).

288 Vgl. *Schulz/Held*, „Die Zukunft der Kontrolle der Meinungsmacht", Gutachten im Auftrag der Friedrich-Ebert-Stiftung, S. 23f.

289 Siehe *Neuberger/Lobigs*, „Die Bedeutung des Internets im Rahmen der Vielfaltssicherung – Gutachten im Auftrag der Kommission zur Ermittlung der Konzentration im Medienbereich (KEK)", in: Schriftenreihe der Landesmedienanstalten Band 43, S. 23.

Medien"[290] und führen hier beispielhaft die Verschiebung von Schamgrenzen oder die Erosion oder Verfestigung von Werten ins Feld.[291] Diese Dimension blendet ein allein auf den streng politischen Kontext ausgerichteter Ansatz vollständig aus. Gerade unterhaltende Formate sind aber geeignet, die persönliche Entwicklung und Sozialisation innerhalb der Gesellschaft maßgeblich zu beeinflussen. Gerade bezogen auf Kinder und Jugendliche haben der Konsum von Medien und damit auch ihr Wirkpotential in den letzten Jahren deutlich zugenommen. Bereits die Jüngsten konsumieren regelmäßig Angebote im Internet, wie eine Studie des Bundesministeriums für Familie, Senioren, Frauen und Jugend unter dem Titel „Kinder in der digitalen Welt" zeigt. Danach sind mehr als die Hälfte der Achtjährigen (55 %) regelmäßig „online", von den Sechsjährigen immer noch fast ein Drittel (28 %).[292]

Insbesondere für Kinder und Jugendliche sind die in den Medien und dort gerade auch in unterhaltenden Angeboten präsentierten Vor- und Rollenbilder bzw. die dort vermittelten Werte entscheidend für ihre Persönlichkeitsentwicklung und Werteorientierung. Aber auch bei Erwachsenen sind entsprechende Effekte zu beobachten.[293]

Diese Effekte sind in ihrer Wirkung langfristig angelegt. Ein einzelnes Angebot wird in der Regel also nicht geeignet sein, einen derartigen Kultivierungseffekt hervorzurufen. Auch die gezielte Beeinflussung einer konkreten Wahl oder anderer politischer Einzelentscheidungen wird hierdurch eher nicht zu befürchten sein. Das bedeutet jedoch nicht, dass von dieser Einflussdimension keine Gefahren für politische Entscheidungsprozesse und die Demokratie insgesamt ausgehen können. Zum einen sind auch unterhaltende Angebote in der Lage gesellschaftliche Debatten anzustoßen. Gerade weil sich die beschriebenen Effekte vor allem auf die Persönlichkeitsentwicklung und das individuelle Wertefundament auswirken, erscheint es zum anderen naheliegend anzunehmen, dass eine derartige mediale Prägung wesentlich beständiger ist als die kurzfristige, auf einzelne Sachverhalte und von sich permanent ändernden politischen Stimmungslagen abhängige Einflussnahme durch politische Formate im engeren Sinne.

Vor diesem Hintergrund ist ein vollständiger Verzicht auf die Einbeziehung solcher Inhalte kaum zu rechtfertigen. Vielmehr erscheint eine zielgruppenbezogene Gewichtung der Inhalte überlegenswert. So könnten unterhaltende und damit eher unterschwellig beeinflussende Inhalte eine höhere Gewichtung erfahren, sofern sie primär von Kindern und Jugendlichen wahrgenommen werden, während umgekehrt solchen Angeboten für Erwachsene, deren Wertvorstellungen bereits gefestigt

---

290 *Schulz/Held*, „Die Zukunft der Kontrolle der Meinungsmacht", Gutachten im Auftrag der Friedrich-Ebert-Stiftung, S. 58.

291 *Schulz/Held*, a.a.O.

292 Vgl. Pressemitteilung des Bundesministeriums für Familie, Senioren, Frauen und Jugend vom 23.06.2015, online abrufbar unter http://www.bmfsfj.de/BMFSFJ/Presse/presse-mitteilungen,did=216988.html.

293 Vgl. *Bauer*, „Unterhaltungsfernsehen – Die unheimlichen Erzieher", Frankfurter Allgemeine Zeitung (FAZ) vom 27.01.2011, online abrufbar unter http://www.faz.net/-gsc-xt4b.

sind, eine geringere Bedeutung beigemessen werden kann. Umgekehrt könnte dies für streng politische, informierende Inhalte gelten.

Im Internet führen zudem umfangreiche Interaktions- und auch Partizipationsmöglichkeiten zu weiteren möglichen Unterscheidungen nach Angebotstypen. So ließe sich anführen, dass interaktiven Inhalten ein geringeres Meinungsbeeinflussungspotential zukommt, weil diese Angebote möglicherweise ungleich reflektierter wahrgenommen werden.[294] Das Internet zeichnet sich gegenüber klassischen Medien zudem dadurch aus, dass es einer Vielzahl nicht- bzw. semi-professioneller Anbieter den Marktzutritt ermöglicht. Bezogen hierauf könnte auch die Professionalität eines Angebots ausschlaggebend für dessen Glaubwürdigkeit und damit dessen Meinungsrelevanz sein.[295]

Auch hier gilt es jedoch zu differenzieren. Mag beispielsweise politische Berichterstattung seitens professioneller und etablierter Anbieter eine ungleich höhere Aufmerksamkeit und Glaubwürdigkeit genießen, kann in anderen Bereichen sog. user generated content mittlerweile sogar ein höheres Gewicht zukommen als klassischen Medienunternehmen. Beispielhaft seien hier einzelne Angebote auf der Videoplattform „YouTube" genannt, die mit Abonnentenzahlen deutlich jenseits der Millionengrenze[296] ein Publikum erreichen, welches für die klassischen Medienhäuser zunehmend schwerer zu adressieren ist. Dabei ist die zur Schau gestellte Laienhaftigkeit dieser Angebote oft jedoch nur Mittel zum Zweck, entspricht aber in keiner Weise den dahinter stehenden Strukturen.[297]

b) Meinungsmacht von Intermediären

Ein Aspekt, der über die Beeinflussung der öffentlichen Willensbildung durch klassische Inhalteanbieter hinausgeht, ist der zunehmende Einfluss von Inhaltevermittlern, sog. Intermediären. Diesen zu bewerten und in einem Regelungskonzept zu berücksichtigen, stellt das Medienkonzentrationsrecht vor völlig neue Herausforderungen.

---

294 Vgl. *Neuberger/Lobigs*, „Die Bedeutung des Internets im Rahmen der Vielfaltssicherung – Gutachten im Auftrag der Kommission zur Ermittlung der Konzentration im Medienbereich (KEK)", in: Schriftenreihe der Landesmedienanstalten Band 43, S. 20.

295 Vgl. hierzu *Neuberger/Lobigs*, „Die Bedeutung des Internets im Rahmen der Vielfaltssicherung – Gutachten im Auftrag der Kommission zur Ermittlung der Konzentration im Medienbereich (KEK)", in: Schriftenreihe der Landesmedienanstalten Band 43, S. 52f.

296 Vgl. Computerbild.de, Die 10 beliebtesten YouTube-Kanäle in Deutschland (Stand: 10.02.2015), online abrufbar unter http://www.computerbild.de/fotos/Die-beliebtesten-YouTube-Kanaele-8804816.html#2.

297 Vgl. nur Handelsblatt vom 21.12.2014, online abrufbar unter http://www.handelsblatt.com/unternehmen/it-medien/youtube-star-unge-kontra-vermarkter-mediakraft-so-ein-scheisshaufen/11148906.html.

Die neuen Möglichkeiten der Partizipation insbesondere im Internet ermöglichen, dass sich grundsätzlich jedermann ohne große Hürden äußern und umgekehrt auch informieren kann. Dies eröffnet bislang unbekannte Möglichkeiten für den Einzelnen, am gesellschaftlichen Diskurs teilzunehmen. Grundsätzlich werden Informationsvielfalt und öffentliche Meinungsbildung durch diese Entwicklung also gestärkt. Gleichzeitig zerfasert die Medien-, Meinungs- und Informationslandschaft mit einer Zunahme alternativer Angebote zulasten etablierter Anbieter. Dies führt zu einem Verlust an Überschaubarkeit für den einzelnen Nutzer, der bildlich gesprochen, „den Wald vor lauter Bäumen nicht mehr sieht."

Der freie Zugang zu Informationen, insbesondere zu Minderheitenmeinungen, ist jedoch notwendige Grundlage einer demokratischen Gesellschaft[298]. Die bloße Existenz dieser Einzelmeinungen und –informationen ist allerdings nicht ausreichend. Vielmehr muss auch die tatsächliche Möglichkeit bestehen, diese Inhalte aufzufinden und wahrzunehmen. Erst dann besteht auch im Internet die berechtigte Hoffnung, dass sich Nutzer umfassend informieren können.

In diese Lücke sind in den vergangenen Jahren und Jahrzehnten – wenngleich meist aus anderen Motiven – Anbieter vorgestoßen, deren wesentliche Tätigkeit darin besteht, die zur Verfügung stehenden Angebote mittels Computerprogrammen (sog. Algorithmen) zu katalogisieren und für die Nutzer auffindbar zu machen. Hierbei seien zuvorderst Suchmaschinen wie „Google" oder Microsofts „Bing" genannt. Aber auch Social Media Portalen wie „Facebook" und „Twitter" kommt zunehmend eine solche Funktion zu.[299] In der 2014 eingerichteten „Bund-Länder-Kommission zur Medienkonvergenz" befasst sich die sog. *AG Intermediäre* unter dem Vorsitz Hamburgs mit der Thematik. Diese fasst unter den Begriff allgemein alle Dienstetypen, „die durch Aggregation, Selektion und Präsentation Aufmerksamkeit für von Dritten erstellte und gegebenfalls eigene Inhalte erzeugen".[300] Informationsvermittler bzw. Informationsintermediäre in diesem Sinne machen das Internet in seiner heutigen Form überhaupt erst nutzbar. Sie sind als „Wegweiser" unverzichtbarer Bestandteil einer modernen, digitalen Medienwelt.

Ähnlich jedoch wie auch klassische Medien nicht nur Plattform und damit „Medium" für die öffentliche Meinungsbildung sind, sondern als filternder und damit beeinflussender „Faktor" verstanden werden müssen, kommt auch Informationsvermittlern ein erhebliches Meinungsbeeinflussungspotential zu. Für die Mehrheit der Internetnutzer ist das tatsächliche Schicksal einzelner Netzinhalte an ihre Auffindbarkeit geknüpft. Sie beginnen geradezu erst zu „existieren", wenn der Zugang

298 Vgl. *Hege*, „Gebietet das Verfassungsrecht eine öffentlich finanzierte Suchmaschine", in: Digitalisierungsbericht der Landesmedienanstalten, S. 13, 14.

299 Zur Bedeutung von Facebook für den Nachrichtenjournalismus eindringlich *Müller v. Blumencron*, „Redaktionen als Werkstuben", epd medien, 25/2015, S. 5 (5).

300 Bericht der Bund-Länder-Kommission zur Medienkonvergenz, S. 31; vgl. auch *Brosda*, „Ordnungsrahmen für die digitalen Mittler", pro media 4/2016, 4 (4).

zu ihnen über Intermediäre vermittelt wird. Diese sind einerseits „Türöffner“ aber gleichzeitig auch „Gatekeeper“.

Im Grunde kommt ihnen damit eine klassisch-journalistische Position zu: Sie bestimmen, ob und wie meinungs- und gesellschaftsrelevante Inhalte wahrgenommen werden.[301] Ihre Tätigkeit ist daher auch längst nicht mehr „nur rein technischer, automatischer und passiver Art.“[302]

Zentrale – und in ihren Auswirkungen bislang noch nicht hinreichend erforschte – Unterschiede ergeben sich jedoch aus dem Selbstverständnis der Anbieter, ihren Zielen und damit der Art und Weise ihrer Aufgabenerfüllung. Erfolgen Auswahl und Gewichtung einzelner Inhalte durch Journalisten händisch und ausgerichtet am Maßstab eines öffentlichen Informationsinteresses,[303] entziehen sich die Parameter, nach denen die Algorithmen moderner Informationsvermittler arbeiten, solchen klassischen journalistischen Kategorien.[304] Ob und wie ein bestimmter Inhalt dem Nutzer im Falle von „Google“ oder „Facebook“ angezeigt wird, bemisst sich primär nach dessen „persönlicher Relevanz“.

So erfolgt im Fall des sog. NewsFeed von „Facebook“ eine Sortierung nach der „Wahrscheinlichkeit, dass ein Nutzer diesen Beitrag weit oben haben will“ und nach der „Wahrscheinlichkeit, dass ein Nutzer mit diesem Beitrag interagieren wird“.[305] „Google“ beschreibt seine Funktion[306] und Zielsetzung ähnlich:

> The perfect search engine understands exactly what you mean and gives back exactly what you want.[307]

---

301 Siehe oben unter II.1.a).

302 BGH, Urteil vom 14.05.2013 – VI ZR 269/12, VersR. 2013, 771 ff.

303 Der Pressekodex des Deutschen Presserates spricht von einer „Verantwortung gegenüber der Öffentlichkeit“, siehe Präambel des Pressekodex, online abrufbar unter http://www.presserat.de/pressekodex/pressekodex/#panel-praeambel.

304 *Stark/Magin/Jürgens*, Navigieren im Netz – Befunde einer qualitativen und quantitativen Nutzerbefragung, in: Stark/Dörr/Aufenanger (Hrsg.), Die Googleisierung der Informationssuche. Suchmaschinen zwischen Nutzung und Regulierung, 2014, 20 (21); so auch *Brosda*, „Ordnungsrahmen für die digitalen Mittler“, pro media 4/2016, 4 (5).

305 *Zweig*, „Informationsfreiheit vs. Filter Bubble – Warum Algorithmen eine Ethik brauchen“, Vortrag im Rahmen des LPR-Forums Medienzukunft „‚Rettet Silicon Valley den Journalismus?‘ Über neue Kooperationen, Verbreitungswege und Abhängigkeiten“ vom 10.03.2016, abgedruckt in epd medien, 19/2016, 24 (25).

306 Vertiefend zur Funktionsweise von Suchmaschinen am Beispiel von Google *Dörr/Natt*, „Suchmaschinen und Meinungsvielfalt – Ein Beitrag zum Einfluss von Suchmaschinen auf die demokratische Willensbildung“, ZUM 2014, 829 (835ff.).

307 *Google*, „Our products and services“, online abrufbar unter https://www.google.com/intl/en/about/company/products/.

Unklar bleibt indes, was hierunter im Einzelnen zu verstehen ist,[308] zumal die Kriterien, nach denen ein Algorithmus Netzinhalten „Relevanz" in diesem Sinne beimisst, mannigfaltig sind und im Grunde willkürlich bestimmt werden (können).[309]

Dass in der Folge gesamtgesellschaftliche und persönliche Relevanz nicht notwendigerweise deckungsgleich sein müssen, liegt auf der Hand.

So formuliert auch der Facebook-Gründer Mark Zuckerberg treffend:

> A squirrel dying in front of your house may be more relevant to your interests right now than people dying in Africa.[310]

Problematisch erscheint eine Ausrichtung vor allem an den persönlichen Interessen des Nutzers auch deshalb, weil gerade die Konfrontation mit anderen, dem persönlichen Weltbild nicht entsprechenden Meinungen Kernbestandteil des Prozesses der individuellen und öffentlichen Meinungsbildung ist. Andernfalls verkommt selbiger zu einem bloßen „Meinungsverstärkungsprozess".

Parallel zur reinen Vermittlung von Inhalten verzahnen Anbieter wie „Google" und „Facebook" ihre bestehenden Angebote immer enger mit fremden Inhalten[311] und entwickeln zunehmend auch eigene Dienste. Sie werden zu „publizistisch-redaktionellen Informationssystemen." Ihre Angebote treten dabei in wirtschaftliche, aber auch publizistische Konkurrenz zu anderen Inhalteanbietern.

---

308 So sind für den sog. NewsFeed von „Facebook" beispielsweise die Stärke der Beziehung zwischen Absender und Empfänger, Art und Zahl der Interaktionen mit dem jeweiligen Inhalt durch andere Nutzer sowie die vergangene Zeit seit Veröffentlichung maßgeblich. Hinzu kommen jedoch über 100.000 weitere Einflussfaktoren; Siehe hierzu online unter http://t3n.de/news/facebook-newsfeed-algorithmus-2-577027/; siehe auch http://www.netzstrategen.com/sagen/edgerank-wie-der-facebook-news-feed-algorithmus-funktioniert/.

309 Siehe hierzu beispielhaft die Ankündigung Googles im August 2014 die Verschlüsselung von Webseiten in den Suchergebnissen zukünftig als einen solchen Parameter zu berücksichtigen und entsprechend im Ranking zu bevorzugen. In der Pressemitteilung heißt es hierzu: „For now it's only a very lightweight signal (...). But over time, we may decide to strengthen it, because we'd like to encourage all website owners to switch from HTTP to HTTPS to keep everyone safe on the web", siehe Google Pressemitteilung vom 06.08.2014, HTTPS as a ranking signal, online unter http://googlewebmastercentral.blogspot.de/2014/08/https-as-ranking-signal.html.

310 *Pariser*, „When the Internet Thinks It Knows You",. The New York Times vom 22.03.2011, online abrufbar unter http://www.nytimes.com/2011/05/23/opinion/23pariser.html?_r=0.

311 Vgl. nur die von Facebook im Jahr 2015 eingeführten sog. Instant Articles. Anders als im Falle einfacher Links, bei denen der Nutzer auf die Webseite des jeweiligen Inhalteanbieters weitergeleitet wird (Facebook also „verlässt") sind „Instant Articles" unmittelbar auf den Servern von Facebook gespeichert und werden auch vollständig im Rahmen des Facebook-Portals angezeigt, Siehe hierzu Zeit-Online vom 13.05.2015, „Medien starten Kooperation mit Facebook", online abrufbar unter http://www.zeit.de/digital/internet/2015-05/instant-articles-medien-facebook.

Diese Kombination von Auffindbarkeitssteuerung und der Kontrolle von Inhalten schafft eine vollkommen neue Qualität, die deutlich über die Bedeutung hinausgeht, die beispielsweise Kabelnetzbetreibern in der analogen Welt zukam. Die Meinungsmacht derart vertikal integrierter[312] Intermediäre geht weit über eine bloße Addition beider Aspekte hinaus. Die Meinungsmacht eines reinen Inhaltevermittlers ist, je nach Umfang seiner Nutzung, bereits beachtlich. Gleichwohl wird seine Macht durch die Grenzen der bestehenden inhaltlichen Vielfalt beschränkt. Umgekehrt ist ein reiner Inhalteanbieter auf die Erreichbarkeit und Auffindbarkeit seiner Inhalte für Dritte angewiesen. Durch das Anbieten eigener bzw. das Integrieren fremder Inhalte innerhalb des eigenen Vermittlungsangebots ist es Intermediären zunehmend möglich, diese Grenzen zu durchbrechen. Die – jedenfalls potentielle – Missbrauchsgefahr liegt auf der Hand.

Lässt sich die Meinungsmacht von Intermediären also kaum mehr leugnen,[313] ist die Frage, wie mit diesem Befund umzugehen ist, noch weitgehend ungeklärt. Die Vorschläge reichen hier von einer Stärkung der Eigenverantwortung der Nutzer und einem Ausbau der Selbstregulierung über eine Anpassung der Plattformregulierung bis hin zur Einrichtung einer öffentlich-rechtlichen Suchmaschine.[314]

Bereits der geltende § 26 Abs. 2 RStV ist in seinem Anwendungsbereich nicht beschränkt auf Inhalteanbieter.[315] Vielmehr macht die Begründung zum 3. RÄStV deutlich, dass gerade auch vor- und nachgelagerte Märkte in die Bewertung einzubeziehen sind. Gleichwohl hat sich die Meinungsmacht von Intermediären bislang weder in der Anwendungspraxis der KEK, noch im Rahmen des Medienkonvergenzmonitors signifikant niedergeschlagen. Auch im Medienkonvergenzmonitor heißt es, dass „Suchmaschinen, Videoplattformen und soziale Netzwerke [...] für die Informationssuche und Nachrichtenverbreitung [...] von großer Bedeutung, [...] aber keine Online-Medien mit eigens erstellten Inhalten [sind]."[316]

Kann diese einseitige Fokussierung auf Inhalteanbieter auf der einen Seite leicht kritisiert werden, stellt sich umgekehrt jedoch auch die Frage, wie die abstrakt leicht zu beschreibende Meinungsmacht von Intermediären konkret gemessen werden soll. Hierin liegt eines der Hauptprobleme. Für das BVerfG manifestiert sich Meinungsmacht wesentlich in den Merkmalen „Breitenwirkung, Aktualität und

---

312 Vgl. zum Begriff der vertikalen Integration *Thomas*, in: Immenga/Mestmäcker, Wettbewerbsrecht, Band 2, § 36 GWB, Rn. 432.

313 Zurückhaltend jedoch *Kluth/Schulz*, „Konvergenz und regulatorische Folgen. Gutachten im Auftrag der Rundfunkkommission der Länder", in: Arbeitspapiere des Hans-Bredow-Instituts Nr. 30, S.45.

314 Siehe hierzu der Überblick bei *Paal*, „Vielfaltsicherung im Suchmaschinensektor", ZRP 2015, 34 (37f.).

315 So auch Bericht der Bund-Länder-Kommission zur Medienkonvergenz, S. 33f.

316 *Kors*, „Die Wissensbasis: Ergebnisse des neuen DLM-Medienkonvergenzmonitors", Vortrag im Rahmen des DLM-Symposiums 2015 „Moderne Regulierung schaffen, Medienzukunft gestalten" vom 19.03.2015, S. 26.

Suggestivkraft".[317] Die Anwendung dieser Merkmale beispielsweise auf Suchmaschinen ist zwar mit erhöhtem Begründungsaufwand versehen, im Ergebnis aber möglich.[318] Jedenfalls im Rahmen einer normativen Betrachtung, wie sie derzeit auch die KEK vornimmt, könnte das abstrakte Meinungsbildungsgewicht von Intermediären daher ohne weiteres bestimmt werden. Auf die Probleme einer solchen normativen „Vorab"-Bewertung wurde bereits hingewiesen.[319] Die hierdurch entstehenden Unsicherheiten und Unschärfen liegen auf der Hand.

Dies außer Acht gelassen, muss ein Vergleich von Intermediären mit Inhalteanbietern dennoch aus einem weiteren Grund scheitern. Die Messung von Meinungsbeeinflussungspotential fußt methodisch in allen Modellen vor allem auf einer Messung der Reichweite, mithin also auf einem quantitativen Kriterium. Diese Reichweitenzahlen werden mittels des zuvor ermittelten Umrechnungsfaktors in ein Verhältnis gesetzt. Dies ist jedoch nur möglich, soweit das dahinterstehende Beeinflussungspotential vergleichbar ist. Dies ist für Inhalteanbieter der Fall: Ist die Wirkung eines einzelnen Publikumskontakts im Fernsehen möglicherweise stärker als im Falle einer Tageszeitung, unterscheiden sich beide dennoch nicht strukturell. Dies gilt jedoch nicht für die Meinungsmacht von Intermediären. Ihr Einflusspotential entspricht nicht dem klassischer Inhalteanbieter. Es manifestiert sich vielmehr auf einer vorgelagerten Ebene, weil nicht der Inhalt selbst, sondern die Kontrolle des Zugangs und der Auffindbarkeit im Vordergrund stehen. Anders als beim Vergleich klassischer Mediengattungen treten die Reichweitenzahlen daher nicht neben die anderer Anbieter. Teilweise wird sogar angenommen, dass die Meinungsmacht von Inhaltevermittlern in den durch sie vermittelten Angeboten bzw. deren Nutzungszahlen bereits enthalten sind, weil sich die Macht der Zugangsteuerung gerade in einer höheren oder niedrigeren Nutzung der zugänglich gemachten Angebote auswirkt.[320] Von dem Versuch, die originäre Meinungsmacht von Inhaltevermittlern mit der von Inhalteanbietern zu vergleichen, diese möglicherweise sogar in Publikumskontakte „umzurechnen", sollte daher Abstand genommen werden.

Um eine Loslösung von messbaren Faktoren zugunsten einer vollständig normativen Bewertung zu vermeiden, wäre daher im Ergebnis anzudenken, ob nicht zur Herstellung einer Vergleichbarkeit eine Einbeziehung von Intermediären im Rahmen einer inhaltebasierten Medienkonzentrationskontrolle zunächst nur unter dem Aspekt des Anbietens eigener bzw. der zunehmenden Kontrolle über fremde Inhalte

---

317 Wenngleich Zweifel bleiben, ob unter alleiniger Zuhilfenahme dieser Kriterien wirklich jede Form medialer Wirkungsmacht erfasst werden kann. Vgl. hierzu bspw. die Ausführungen der KEK zur disponiblen Nutzung von Tageszeitungen unter III.1.

318 Vgl. *Dörr/Natt*, „Suchmaschinen und Meinungsvielfalt – Ein Beitrag zum Einfluss von Suchmaschinen auf die demokratische Willensbildung", ZUM 2014, 829 (841).

319 Vgl. unter III.1.

320 Vgl. *Hasebrink*, „Kommunikationswissenschaftliches Gutachten für die Kommission zur Ermittlung der Konzentration im Fernsehbereich (KEK)", in: Schriftenreihe der Landesmedienanstalten, Band 35, S. 119.

erfolgen sollte. Hinsichtlich letzterem bedarf es gegebenenfalls einer Überarbeitung der derzeit in § 28 RStV festgelegten Zurechnungsregeln. Erreichen diese Inhalte einen signifikanten Anteil an der tatsächlichen Rezeption, könnte die durch die Vermittlung sonstiger Inhalte entstehende Meinungsmacht im Rahmen einer normativen Gesamtbetrachtung einbezogen werden. Hierdurch könnte insbesondere der Gefahr begegnet werden, die durch die Kombination von Auffindbarkeitssteuerung und der Kontrolle von Inhalten entsteht. Der Gefahr zu begegnen, die sich allein aus ihrer Stellung als Inhaltevermittler ergibt, müsste allerdings speziellen Regelungen vorbehalten bleiben.[321]

„Neutralität" kann dabei jedoch angesichts der zahlreichen, bereits im Algorithmus selbst enthaltenen Wertungen kein Maßstab sein.[322] Im Gegenteil besteht in der Ungleichbehandlung von Inhalten gerade die Leistung von Informationsintermediären, wenn sie aus einer Vielzahl möglicher Quellen eine Auswahl vornehmen und diese gewichten.[323] Insoweit sollte auch nicht der Fehler gemacht werden, „persönliche Relevanz" mit „Neutralität" gleichzusetzen.

Als eines der Kernprobleme in der für die Bestimmung von Meinungsmacht zentralen Beziehung zwischen Intermediär und Nutzer[324] wird vielfach fehlendes Wissen um die Funktionsweise der jeweils zugrundeliegenden Algorithmen ausgemacht. Im Falle klassischer redaktioneller Medien sei eine „politische Färbung" für die Rezipienten in der Regel ohne weiteres zu erkennen. Vergleichbare Neigungen eines Intermediärs, geschweige denn echte Diskriminierungen seien hingegen ungleich schwerer zu identifizieren.[325] In der Folge gelte es vor allem eine realistischere und belastbarere Erwartungshaltung bei den Nutzern zu erzeugen. Die Algorithmen selbst offenzulegen wird angesichts der gravierenden Auswirkungen für die betroffenen Unternehmen jedoch weitgehend als nicht zielführend angesehen und zu Recht abgelehnt.[326] In Betracht gezogen wird hingegen eine stärkere Transparenz der hinter den Algorithmen stehenden Wertungsentscheidungen.[327]

---

321 Die AG Intermediäre in der Bund-Länder-Kommission zur Medienkonvergenz sieht eine solche Trennung als möglich aber (wohl) nicht als zwingend an, vgl. Bericht der Bund-Länder-Kommission zur Medienkonvergenz, S. 38.

322 Vgl. hierzu auch *Dörr/Natt*, „Suchmaschinen und Meinungsvielfalt – Ein Beitrag zum Einfluss von Suchmaschinen auf die demokratische Willensbildung", ZUM 2014, 829 (836).

323 So zutreffend auch *Schulz/Dankert*, „Die Macht der Informationsintermediäre – Erscheinungsformen, Strukturen und Regulierungsoptionen", S. 72.

324 Die Bund-Länder-Kommission zur Medienkonvergenz unterscheidet regulatorisch zwischen der sog. b2b-Beziehung (Inhalteanbieter und Intermediär) einerseits und der sog. b2c-Beziehung (Intermediär und Nutzer) andererseits, vgl. *Brosda*, „Ordnungsrahmen für die digitalen Mittler", pro media 4/2016, 4 (4).

325 *Brosda*, „Ordnungsrahmen für die digitalen Mittler", pro media 4/2016, 4 (4).

326 Vgl. nur *Dörr/Natt*, „Suchmaschinen und Meinungsvielfalt – Ein Beitrag zum Einfluss von Suchmaschinen auf die demokratische Willensbildung", ZUM 2014, 829 (838); *Brosda*, „Ordnungsrahmen für die digitalen Mittler", pro media 4/2016, 4 (4).

327 Vgl. hierzu Bericht der Bund-Länder-Kommission zur Medienkonvergenz, S. 31; *Brosda*, „Ordnungsrahmen für die digitalen Mittler", pro media 4/2016, 4 (4);

Als plakatives Beispiel wird gerne das einer Suchmaschine bemüht, deren Algorithmen einem kreationistischen Weltbild folgen und Informationen über den Darwinismus daher blockieren. In einem solchen Fall könne es nicht darum gehen, den Vorgang der Auswahl und Anordnung durch inhaltliche Vorgaben selbst zu beeinflussen, den Anbieter also zu einer Art „Ausgewogenheit" zu verpflichten. Den Nutzern müsse aber aufgezeigt werden, dass ihnen hier bestimmte Inhalte „bewusst" vorenthalten werden.[328] Dies könne beispielsweise durch entsprechende deklaratorische Hinweise – gerne verglichen mit einer Art „Beipackzettel"[329] – erreicht werden.

Eine derartige Selbstbindung ermögliche einerseits den Nutzern eine bessere Einordnung der vom Intermediär präsentierten Ergebnisse und biete andererseits eine belastbare Grundlage, um Fälle tatsächlicher oder vermeintlicher Diskriminierung als Abweichung von dieser selbst geschaffenen „Nulllinie" aufsichtsrechtlich prüfen zu können.[330]

Macht das gewählte Beispiel einerseits die möglichen Vorteile einer solchen Deklarationspflicht deutlich, offenbaren sich bei näherer Betrachtung jedoch auch ihre Schwächen. So erscheint aus Nutzerperspektive bereits der Versuch zweifelhaft, in den Algorithmen eine mit klassisch-journalistischen Maßstäben vergleichbare „politische Färbung" entdecken zu wollen.[331] Gerade das Ziel, Webinhalte nach „persönlicher Relevanz" zu erfassen, entzieht sich solchen Kategorien. Insoweit bleibt fraglich, ob durch die Offenlegung des Maßstabs der „persönlichen Relevanz" aber auch der kleinteiligeren, dahinter stehenden Wertungsentscheidungen ein hinreichend spezifischer Erwartungshorizont geschaffen werden kann. Es erscheint zudem überzeugender anzunehmen, dass moderne Algorithmen oft viel zu komplex ausgestaltet sind,[332] als das eine solche Deklarationspflicht für den einzelnen Nutzer einen konkreten Vorteil mit sich bringen würde. Es besteht das Risiko, dass

---

Schulz/Dankert, „Die Macht der Informationsintermediäre – Erscheinungsformen, Strukturen und Regulierungsoptionen", S. 74.

328 *Brosda*, „Ordnungsrahmen für die digitalen Mittler", pro media 4/2016, 4 (5).

329 *Brosda*, a.a.O.; ebenso der Vorschlag bei *Schulz/Dankert*, „Die Macht der Informationsintermediäre – Erscheinungsformen, Strukturen und Regulierungsoptionen", S. 74.

330 *Brosda*, a.a.O.

331 Im Frühjahr 2016 sah sich Facebook allerdings dem (bis dato nicht beweisenen) Vorwurf ausgesetzt, die Auswahl von Artikeln in seiner (zu diesem Zeitpunkt nur in den USA verfügbaren) Rubrik „Trending Topics" zulasten konservativer Politiker und Webseiten manipuliert zu haben, vgl. FAZ.NET vom 10.05.2016, online abrufbar unter http://www.faz.net/-gqz-8gvwi.

332 Googles Suchmaschinenalgorithmus basiert bspw. auf über 200 sog. Signalen, die in unterschiedlicher Gewichtung über Indexierung und Anordnung von Webinhalten „entscheiden" und die in einem laufenden Prozess, teilweise autmatisch angepasst und erweitert werden, vgl. hierzu *Dörr/Natt*, „Suchmaschinen und Meinungsvielfalt – Ein Beitrag zum Einfluss von Suchmaschinen auf die demokratische Willensbildung", ZUM 2014, 829 (835f.).

am Ende nicht viel mehr übrig bleibt, als der Versuch, die Nutzer für die generelle Funktionsweise von Algorithmen zu sensibilisieren.

Möglicherweise scheitern die bislang diskutierten Lösungsansätze auch daran, dass es bislang noch nicht gelungen ist, das Bedürfnis nach einer strengeren Regulierung einzelner Akteure, wie beispielsweise „Facebook" oder „Google", sinnvoll auf eine abstrakt-generelle Ebene zu übertragen. Die Betrachtung einzelner Erscheinungsformen oder Anbieter kann zwar für das Verständnis nützlich sein, birgt aber gleichzeitig das Risiko, den Blick auf die konkret vorgefundenen Funktionsmechanismen zu verengen, diese mit anderen Worten „pars pro toto" zu verstehen.

Obwohl die Gruppe der Intermediäre in ihrer Stellung und Funktion für den Prozess der öffentlichen Meinungsbildung einheitlich bewertet werden kann, unterscheiden sich die einzelnen Angebote teils stark in der Art und Weise ihrer Aufgabenerfüllung. Wird man daher einerseits den Anwendungsbereich entsprechender gesetzlicher Regelungen anhand eines weiten, allein an der Funktion der Inhaltevermittlung ausgerichteten Begriffsverständnisses bestimmen müssen,[333] wird man andererseits bei der nachgelagerten Frage, wie einzelne Angebote regulatorisch sinnvoll adressiert werden können, nach den jeweiligen Spezifika differenzieren müssen. Der Versuch, Intermediäre im Wege eines „one-size-fits-all"-Ansatzes zu regulieren, wird der bereits heute vorzufindenden Vielgestaltigkeit der Angebote nicht gerecht.

Für sog. News-Aggregatoren, wie „Google News", „Flipboard"[334] oder „LinkedIn Pulse"[335] aber in Teilen auch für Facebooks „NewsFeed" erscheinen sogar verpflichtende Regelungen zum Vorhalten („must-carry"), bzw. zur prominenten Platzierung („must-be-found") bestimmter Angebote denkbar. Gleiches gilt für die Anordnung mobiler Apps in den App-Stores beispielweise von „Apple" oder Googles „Play Store".

Ein solches Modell wäre indes auf Suchmaschinen wie „Google" oder „Bing" bereits deshalb nicht übertragbar, weil einzelne Suchergebnisse keiner redaktionellen Gestaltung oder einem vergleichbaren Einfluss des Suchmaschinenbetreibers unterliegen.[336] Durch die notwendige Mitwirkungshandlung des Nutzers ist das mögliche Ergebnis ungleich komplexer und nur schwer vorherzusagen.

Die aufgezeigte Heterogenität der Angebote macht es erforderlich, von dem Versuch, konkrete Maßnahmen bereits durch den Gesetzgeber festlegen zu wollen, Abstand zu nehmen. Vielmehr sollte die Schaffung eines mit hinreichenden Spielräumen ausgestatteten Verfahrensrechts in den Mittelpunkt der Überlegungen rücken. Wie ein solches – jedenfalls in seinen Grundzügen – aussehen könnte, wird zum Abschluss dieser Arbeit näher beleuchtet.

---

333 Insoweit ist das weite Begriffsverständnis der Bund-Länder-Kommission (Fn. 300) zu begrüßen.

334 Vgl. https://flipboard.com/explore.

335 Vgl. https://blog.linkedin.com/2015/06/17/introducing-the-new-linkedin-pulse-your-daily-news-powered-by-your-professional-world.

336 Vgl. *Dörr/Natt*, „Suchmaschinen und Meinungsvielfalt – Ein Beitrag zum Einfluss von Suchmaschinen auf die demokratische Willensbildung", ZUM 2014, 829 (846).

3. Umsetzung der „Wissensbasis" in ein Regelungskonzept

Es zeigt sich, dass bereits die Frage, wann vorherrschende Meinungsmacht anzunehmen bzw. wie Meinungsmacht überhaupt gemessen werden kann, keiner einfachen Antwort zugänglich ist. Gerade die Herausforderungen der digitalen Medienwelt, aber auch die teils noch nicht bis ins letzte Detail untersuchte Wirkung moderner Medien insgesamt erschweren die Lösungsfindung zusätzlich. Gleichwohl kommt der Gesetzgeber nicht umhin, die dargestellten Befunde in ein Regelungskonzept zu überführen. Der folgende Abschnitt widmet sich dabei einigen ganz grundsätzlichen Überlegungen. Dabei steht die Frage, ob in Zukunft eher eine Orientierung an normativen Wertungen als an festen Prozentschwellen angezeigt ist (a)) ebenso zur Debatte, wie die Frage, ob der bundesweite Beurteilungsmaßstab nicht zugunsten einer stärker räumlichen oder zielgruppenorientierten Betrachtung aufgegeben werden sollte (b)).

a) Prozentschwellen oder unbestimmte Rechtsbegriffe?

Wie gesehen, knüpft das geltende Medienkonzentrationsrecht an Zuschaueranteile im bundesweiten Fernsehen an. Vorherrschende Meinungsmacht wird vermutet, wenn die einem Unternehmen zurechenbaren Programme im Jahresdurchschnitt einen Zuschaueranteil von 30 % erreichen. Erst unterhalb dieser Schwelle sind auch Aktivitäten auf medienrelevanten verwandten Märkten einzubeziehen. Hierfür bedarf es jedoch immer noch eines Zuschaueranteils von 25 % im bundesweiten Fernsehen. Bei der Berechnung der jeweils von einem Unternehmen erzielten Zuschaueranteile sind – jedenfalls nach Auffassung des BVerwG – zudem die Boni für Regional- und Drittfenster von insgesamt 5 % vorab abzuziehen (§ 26 Abs. 2 S. 3 RStV).[337] Das BVerwG sieht in diesen Prozentgrenzen eine eindeutige Wertung des Gesetzgebers, die es zu beachten gelte.[338] Unabhängig davon, ob sich die nahezu unumstößliche Bedeutung der angeführten Prozentschwellen aus dem Gesetz selbst ergibt oder nur einer (Über-)Interpretation durch das BVerwG entstammt, bleibt festzuhalten, dass der Gesetzgeber dem konkreten Zuschaueranteil jedenfalls eine signifikante Relevanz beimisst.[339] Ist die grundsätzliche Bedeutung von Publikumskontakten für die Feststellung von Meinungsbildungsrelevanz bereits mehrfach festgehalten worden, ist das hier zum Ausdruck kommende absolute Verständnis dieser Prozentschwellen kritisch zu hinterfragen.

Hierbei sei zunächst an die Funktion erinnert, die Zuschaueranteilen bzw. Publikumskontakten zukommt. Mangels unmittelbarer Messbarkeit von Meinungsmacht ging und geht es im Wesentlichen darum, geeignete Indizien zu finden, aus denen

---

337 Vgl. BVerwG ZUM-RD 2014, 454 (461).

338 Vgl. BVerwG ZUM-RD 2014, 454 (459).

339 Vgl. hierzu *Hain/Wierny*, „Austrocknung der Vielfaltssicherung im bundesweiten Fernsehen", K&R 2012, 645 (650).

Rückschlüsse auf die Meinungsmacht einzelner Akteure gezogen werden können.[340] Wenn aber dieser Messgröße nur Indizienwert zukommt, muss die Frage gestellt werden, ob eine Verdichtung dieser Indizien bis hin zu echten Eingreifschwellen nicht per se verfehlt ist. Publikumskontakte sind zwar notwendige Voraussetzung, damit Medieninhalte auf die Rezipienten einwirken können, allerdings stellen sie lediglich einen Aspekt von mehreren (insb. Suggestivkraft) dar, nach denen die tatsächliche Wirkung von Medieninhalten zu beurteilen ist. Insoweit sagt der reine Nutzungsanteil noch nichts über die Kontaktqualität aus.[341] Auch der Blick auf die Vielgestaltigkeit der modernen, konvergenten Medienlandschaft und die sich hieraus ergebenden Probleme bei der Messung von Meinungsmacht zeigen, dass die Frage, ob vorherrschende Meinungsmacht vorliegt, kaum mehr unter Zuhilfenahme eines einzelnen Wertes beantwortet werden kann.[342] Insbesondere die Bewertung cross-medialer Konzentration ist derart vielschichtig,[343] dass hier nur eine Gesamtbetrachtung zielführend erscheint. Der Gesetzgeber steht daher in der Pflicht, das geltende Medienkonzentrationsrecht auch unter diesem Aspekt zu überdenken und anzupassen.

Es ist geradezu bemerkenswert, dass sich der Gesetzgeber auf einem (jedenfalls vermeintlich) nach eindeutigen, ökonomischen Kriterien zu beurteilenden Gebiet wie der wirtschaftlichen Machtstellung eines Unternehmens im Rahmen des Kartellrechts ausdrücklich einer normativen Betrachtung öffnet,[344] während der Rundfunkgesetzgeber den ungleich weniger scharfen Begriff der „vorherrschenden Meinungsmacht" versucht mittels eines einzelnen Kriteriums quasi naturwissenschaftlich zu erfassen. Das Medienkonzentrationsrecht erscheint hier unnötig unterkomplex.

Teilweise wird dieser Unterschied mit einem „signifikant stabileren theoretischen und praxiserfahrenen Fundament"[345] der Praxis der Kartellbehörden begründet. Wollte man hieraus aber die Schlussfolgerung ziehen, gänzlich auf eine spezifische Medienkonzentrationskontrolle verzichten zu können, vermag dies nicht überzeugen. So ist zwar zuzugestehen, dass angesichts der weitreichenden Eingriffsbefugnisse, die das Medienkonzentrationsrecht vorsieht, eine ausreichend solide (kommunikations-)wissenschaftliche Deckung Voraussetzung sein sollte.[346]

340 Siehe unter II.2.a).

341 *Schulz/Held*, „Die Zukunft der Kontrolle der Meinungsmacht", Gutachten im Auftrag der Friedrich-Ebert-Stiftung, S.74.

342 So auch *Holznagel/Dörr/Hildebrand*, „Elektronische Medien. Entwicklung und Regulierungsbedarf", S. 205.

343 Siehe nur die Beispiele bei *Cornils*, „Medienkonzentrationsrechtliche Entwicklungen in Bezug auf die Veranstaltung bundesweiten Fernsehens", in: Hohlfeld/Müller-Terpitz (Hrsg.), Medienkonzentrationskontrolle – Quo vadis?, S. 39.

344 Siehe hierzu unter II.2.b).

345 *Cornils*, „Medienkonzentrationsrechtliche Entwicklungen in Bezug auf die Veranstaltung bundesweiten Fernsehens", in: Hohlfeld/Müller-Terpitz (Hrsg.), Medienkonzentrationskontrolle – Quo vadis?, S. 44.

346 Tatsächlich beginnt die kommunikationswissenschaftliche Forschung neue Formen medialer Wirkungsmacht, wie bspw. durch Intermediäre gerade erst zu verstehen (siehe hierzu unter IV.2.b)).

Dessen ungeachtet enthält das Grundgesetz jedoch gleichwohl den Auftrag an den Gesetzgeber, die Entstehung vorherrschender Meinungsmacht präventiv zu verhindern. Insoweit kann ihn der Verweis auf eine möglicherweise (noch) nicht hinreichend belastbare wissenschaftliche Grundlage nicht von dieser Verantwortung entbinden. Überzeugender erscheint es daher, gerade auch die Schaffung der angemahnten „Wissensbasis“ als Teil des staatlichen Gewährleistungsauftrags zu verstehen.

Umgekehrt kann die Öffnung hin zu einer normativeren Betrachtung jedoch nicht bedeuten, dass jegliche Anknüpfung an konkrete Messgrößen aufgegeben werden sollte. Es bleibt festzuhalten, dass Meinungsmacht selbst keine bezifferbare Größe darstellt und daher immer nur näherungsweise und unter Zuhilfenahme von Indizien feststellbar bleibt. Ein ausschließlich auf eine normative Bewertung abstellendes Modell wäre daher mit enormen Unsicherheiten für die Anwendungspraxis verbunden. Die Entscheidungen der Aufsichtsbehörden in einem solchen, auf eine reine Einzelfalljudikatur hinauslaufenden Modell wären für die betroffenen Unternehmen – ungeachtet einer stärkeren Unterfütterung durch wissenschaftliche Erkenntnisse – kaum zu prognostizieren. Eine solche Vorstellung erscheint unter dem Aspekt der Rechtssicherheit und der Rechtsklarheit höchst bedenklich. Es gilt hier einen angemessenen und für die Praxis handhabbaren Ausgleich zu finden.

b) Veränderung der Bemessungsgrundlage

Die Erhebungen sowohl der KEK als auch des Medienkonvergenzmonitors zeigen, dass in der bundesweiten Medienlandschaft derzeit nicht zu befürchten steht, dass einer der Anbieter vorherrschende Meinungsmacht erlangt bzw. im nationalen Fernsehen die in § 26 Abs. 2 RStV vorgesehenen Prozentgrenzen erreicht. Als größter privater Anbieter erreichte die RTL Group im Jahr 2013 ohne Abzug der Boni des § 26 Abs. 2 S. 3 RStV einen Zuschaueranteil von 24,6 %.[347] Unter Zugrundelegung des im Medienkonvergenzmonitor ermittelten, medienübergreifenden Meinungsmarktes kommt der Bertelsmann-Konzern, zu dem auch die RTL Group gehört, in der zweiten Jahreshälfte 2015 auf einen Anteil von 12,3%. Dahinter folgt an zweiter Stelle ProSiebenSat.1 mit 8,3 %.[348] Richtig ist daher, dass die derzeitigen Marktverhältnisse eine Untersagung von Zusammenschlüssen eher theoretischer Natur erscheinen lassen, jedenfalls bezogen auf den aktuellen Bewertungsmaßstab des § 26 RStV. Folgerichtig hinzunehmen ist weiterhin, dass sich mit einer medienübergreifenden Einbeziehung aller relevanten Akteure und Mediengattungen, wie dies der Medienkonvergenzmonitor vorsieht, die gemessene Meinungsmacht der vorhandenen, heute als Platzhirsche wahrgenommenen Akteure verringert.

---

347 *KEK*, „Von der Fernsehzentrierung zur Medienfokussierung – Anforderungen an eine zeitgemäße Sicherung medialer Meinungsvielfalt, Bericht der Kommission zur Ermittlung der Konzentration im Medienbereich (KEK) über die Entwicklung der Konzentration und über Maßnahmen zur Sicherung der Meinungsvielfalt im privaten Rundfunk“, in: Schriftenreihe der Landesmedienanstalten, Band 49, S. 491.

348 Siehe Abb. 14.

Abb. 14 – Anteile der Medienunternehmen am „Meinungsmarkt" des DLM-MedienKonvergenzMonitors im 2. HJ. 2015 (%); Überschreitung von 100% ergibt sich daraus, dass Beteiligungs-Anteile von 25% und mehr einem Unternehmen voll zugerechnet werden.

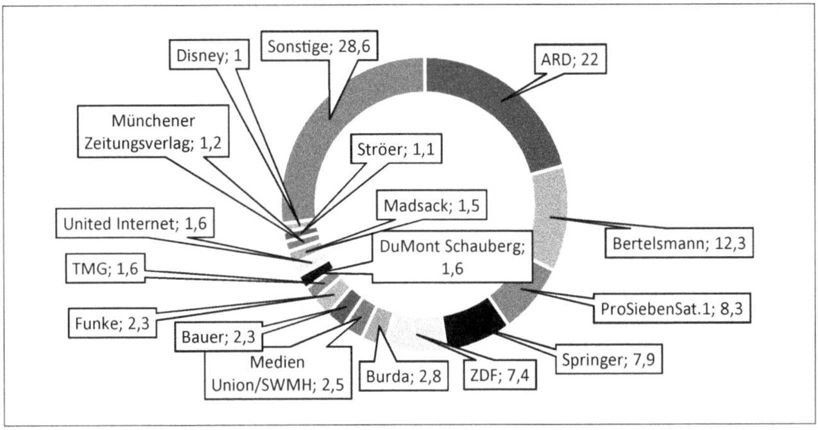

Wollte man hieraus jedoch folgern, das Medienkonzentrationsrecht sei lediglich ein zahnloser Tiger bzw. verfüge angesichts der tatsächlichen Marktverhältnisse im Grunde über keine praktische Relevanz, verkennt dies zweierlei: Mag zum einen seine Anwendung auch unwahrscheinlich sein, ist das Bereithalten wirkungsvoller Instrumente zur Verhinderung vorherrschender Meinungsmacht schon von Verfassung wegen geboten. Aus dem klaren Auftrag an den Gesetzgeber, eine solche Entwicklung vorzeitig zu verhindern, folgt gerade, dass nicht erst abgewartet werden kann, bis sich entsprechende Marktverhältnisse beginnen abzuzeichnen.

Zum anderen muss kritisch hinterfragt werden, worin möglicherweise der eigentliche Grund für die vermeintliche Zahnlosigkeit des Medienkonzentrationsrechts liegt. Insoweit ist das Bild, welches sich im gesamtdeutschen Maßstab abzeichnet, trügerisch. Es suggeriert eine Ausgewogenheit in der Mediennutzung, die, bezogen auf bestimmte Bevölkerungsgruppen und Regionen, längst nicht mehr gegeben ist. Vielmehr ist eine zunehmende Fragmentierung in der Mediennutzung zu beobachten. Bereits im Jahr 1998 gab *Kaase* zu bedenken, dass sich die Fernsehnutzung der Bevölkerung je nach Alter dramatisch unterscheide. Es liege daher auf der Hand, dass verschiedene Altersgruppen „ganz unterschiedlich zu den aggregierten Anteilswerten der Programmveranstalter beitragen."[349] Diese These wird gestützt

349 *Kaase*, „Welche Aussagen erlauben die Zuschaueranteile über den Einfluß der Fernsehprogramme auf die Meinungsbildung?", in: Schriftenreihe der Landesmedienanstalten, Band 13, S. 36.

von aktuellen Untersuchungen. So weist auch die dem Medienkonvergenzmonitor zugrunde liegende Gewichtungsstudie deutliche Unterschiede in der Mediennutzung insgesamt auf.[350] Nutzen in der Altersgruppe von 14 bis 29 Jahre lediglich noch 41,6 % das Fernsehen bzw. nur 15,7 % Tageszeitungen zu ihrer Information, tun dies in der Gruppe der über 50-Jährigen 75,5 % (Fernsehen) bzw. 48,3 % (Tageszeitung). Ein umgekehrtes Bild ergibt sich für die Nutzung des Internets. Hier entfallen 48,0 % auf die 14- bis 29-Jährigen, aber lediglich 17,1 % auf die über 50-Jährigen. Ähnliche Verwerfungen sind auch innerhalb einzelner Mediengattungen zu beobachten. Wie bereits dargelegt, ist in Bezug auf die Nutzung von Angeboten des öffentlich-rechtlichen Rundfunks sogar ein „Generationenabriss“[351] zu beobachten. Insbesondere jüngere Bevölkerungsgruppen haben sich in großen Teilen zugunsten privater Anbieter vom öffentlich-rechtlichen Rundfunk abgewandt.[352] In der Altersgruppe der 14- bis 29-Jährigen kommt der öffentlich-rechtliche Rundfunk im Jahr 2014 auf einen Zuschaueranteil von lediglich noch 12,4 %. Die RTL Group verzeichnet demgegenüber in dieser Zielgruppe einen Anteil von 34,6%, die ProSiebenSat.1 Media AG sogar von 34,8 %.[353] Auf die beiden größten privaten Anbieter entfällt damit in dieser Bevölkerungsgruppe ein Zuschaueranteil von insgesamt 69,4 %. Bei einem entsprechend veränderten Maßstab lägen beide Anbieter deutlich oberhalb der in § 26 Abs. 2 RStV vorgesehen Schwellenwerte. Bereits diese kurze Zusammenschau macht deutlich, welchen Einfluss der herangezogene Maßstab auf die zu erwartenden Ergebnisse hat. Die derzeitige Bemessungsgrundlage bundesweit agierender Medien bezogen auf die Gesamtbevölkerung einer kritischen Prüfung zu unterziehen erscheint vor diesem Hintergrund sinnvoll.

Die Relevanz einer heterogenen Mediennutzung für die Beurteilung von Meinungsmacht untermauert auch der in den USA entwickelte sog. *Prat-Index*. Diesem spieltheoretischen Ansatz liegt zunächst die kaum bestreitbare These zugrunde, dass der Einfluss eines Medienunternehmens auf die Meinungsbildung eines einzelnen Bürgers vor allem auch davon abhängt, welche und wieviele Medienquellen dieser insgesamt konsumiert. Mit anderen Worten: Je weniger Quellen dem individuellen Medienkonsum zugrundeliegen, je weniger sich die Aufmerksamkeit des Nutzers also auf verschiedene Quellen verteilt, desto mächtiger sind die genutzten Anbieter für die individuelle Meinungsbildung einzuschätzen.[354] Entscheidend ist der konkrete

---

350 Siehe Abb. 10.

351 So *Dörr/Deicke*, „Positive Vielfaltsicherung – Bedeutung und zukünftige Entwicklung der Fensterprogramme für die Meinungsvielfalt in den privaten Fernsehprogrammen, Studie des Mainzer Medieninstituts, S.59.

352 Dies mag in Teilen auch an den gesetzlichen Regelungen liegen, die den Auftrag des öffentlich-rechtlichen Rundfunks, insbesondere im Onlinebereich begrenzen. Hier bleibt abzuwarten, ob bspw. das gemeinsam von ARD und ZDF ab Oktober 2016 veranstaltete Online-Jugendangebot eine Trendwende einläuten kann.

353 Siehe Abb. 13.

354 Vgl. *Prat*, „Media Power“, S. 5. Ergänzend wird man neben weiteren Faktoren, wie bspw. der Nutzungsdauer, wohl vor allem auch die unterschiedliche Wirkmacht

Nutzungskontext. Basis des Modells von *Prat* ist daher eine verschiedene Nutzergruppen bzw. -typen unterscheidende sog. Medienkonsummatrix, ähnlich der bereits von *Hasebrink/Schmidt* angeführten multimedialen Informationsrepertoires.[355]

Dabei wird deutlich, dass sich die unterschiedliche Bedeutung einzelner Anbieter für die individuelle Meinungsbildung auch im gesamtgesellschaftlichen Maßstab niederschlägt, wie das folgende (stark vereinfachte[356]) Beispiel zeigt:

Nutzergruppe	**Anteil an Gesamtbevölkerung**	**M1**	**M2**	**M3**	**M4**
A	25%	X	X		
B	25%	X	X	X	
C	25%				X
D	25%			X	X
	Reichweite (absolut):	50%	50%	50%	50%
	Aufmerksamkeitsanteil (nach *Prat*)[357]:	20,8%	20,8%	20,8%	37,5%

Vergleicht man die Meinungsmacht von M3 und M4, zeigt sich zunächst, dass beide je 50% der Bevölkerung erreichen. Bei näherer Betrachtung wird jedoch deutlich, dass diese Reichweitenzahlen von unterschiedlicher Qualität sind, weil sie sich auf unterschiedliche Nutzergruppen beziehen. Zwar erreichen beide gleichermaßen die Gruppe D. Insoweit besteht kein Unterschied zwischen beiden Anbietern. M4 ist allerdings Monopolist in Bezug auf den Medienkonsum in Gruppe C. M3 wird hingegen ausschließlich noch von Nutzern der Gruppe B konsumiert. Da die Mitglieder dieser Gruppe jedoch neben M3 noch zwei weitere Anbieter konsumieren, ist der Aufmerksamkeitsanteil nach *Prat* und damit der Meinungseinfluss von M3 auf diese Gruppe wesentlich geringer. Insgesamt muss M4 daher als wesentlich meinungsmächtiger gelten als M3.

---

verschiedener Darreichungsformen berücksichtigen müssen, sodass auch im Falle des quantitav gleichwertigen Konsums bspw. einer Tageszeitung und eines Fernsehsenders der Einfluss des Fernsehsenders höher einzuschätzen ist.

355 Vgl. *Hasebrink/Schmidt*, „Informationsrepertoires der deutschen Bevölkerung", in: Arbeitspapiere des Hans-Bredow-Instituts Nr. 24, S. 12ff.

356 Vgl. ausführlich *Prat*, „Media Power", S. 12.

357 Der einem Anbieter (M1 – M4) zuzurechnende Aufmerksamkeitsanteil errechnet sich aus der Addition der Nutzungsanteile in den jeweiligen Nutzergruppen. Konsumiert eine Nutzergruppe Angebote mehrerer Anbieter, wird der Anteil der Gruppe an der Gesamtbevölkerung durch die Zahl der Anbieter geteilt (Beispiel: Nutzergruppe A = 25% / 2 = 12,5% für M1 und M2; Nutzergruppe B = 25% / 3 = 8,3% für M1, M2 und M3).

Der Gesetzgeber sieht sich daher mit der Frage konfrontiert, ob nicht ein weniger pauschaler, nach Bevölkerungs- und Altersgruppen unterscheidender Maßstab Anknüpfungspunkt eines reformierten Medienkonzentrationsrechts sein kann oder sogar muss. Auch diesbezüglich gilt es, die Realitäten veränderter Mediennutzung anzuerkennen. Ähnliches wäre gegebenenfalls in Bezug auf die immer stärker werdenden Konzentrationsbewegungen im regionalen Pressesektor zu überlegen. Diese unterfallen derzeit allein den Mediengesetzen der Länder. Das BVerfG hat jedoch bereits 1986 die Gefahr von Meinungsmonopolen im Verbreitungsbereich regionaler und lokaler Zeitungen angemahnt.[358] Auch diesbezüglich gilt grundsätzlich der gesetzgeberische Auftrag, Meinungsmacht dort zu verhindern, „wo sie entsteht", auch wenn hier besondere wirtschaftliche Zwänge Beachtung finden müssen.[359]

---

358 Vgl. BVerfGE 73,118 (175).

359 Der Begriff des „Zeitungssterbens" hat inzwischen sogar Einzug in den Duden erhalten, vgl. Duden, „Zeitungssterben, das", online abrufbar unter http://www.duden.de/node/678833/revisions/1114571/view.

V. Vorschlag für eine Reform des Medienkonzentrationsrechts

Die Probleme, die sich im Zusammenhang mit der Sicherung der Meinungsvielfalt ergeben, betreffen längst nicht mehr singulär das Fernsehen. Wie die Untersuchung gezeigt hat, ist das derzeit noch geltende Medienkonzentrationsrecht des § 26 RStV nur noch äußerst begrenzt in der Lage, den Herausforderungen der modernen Medienwelt zu begegnen. Insbesondere die Erfassung „medienrelevanter verwandter Märkte", also all jener Aktivitäten, die sich zwar auf den Prozess öffentlicher Willensbildung auswirken, sich aber außerhalb des bundesweiten Fernsehens abspielen, gelingt nur unzureichend. Dies zeigt auch eine Analyse der von der KEK und der DLM entwickelten Ansätze. Diese stoßen schnell an die Grenzen des gesteckten Rechtsrahmens.

Aus diesen Unzulänglichkeiten jedoch einen Verzicht auf Regelungen zur Verhinderung vorherrschender Meinungsmacht abzuleiten, erscheint angesichts der skizzierten, verfassungsrechtlichen Notwendigkeiten verfehlt. Es gilt vielmehr, eine Fortentwicklung des Medienkonzentrationsrechts anzustreben. Diese neu zu schaffenden Regelungen müssen insbesondere die Realitäten cross-medialer Wirkungsformen und Nutzungsgewohnheiten aufnehmen. In der Diskussion befinden sich hierzu mittlerweile eine Vielzahl verschiedener Ansätze unterschiedlicher Prägung und Schwerpunktsetzung.[360]

Im Folgenden werden daher vor allem Leitlinien skizziert, die in einem reformierten Medienkonzentrationsrecht Beachtung finden sollten. Angesichts der strukturellen Unterschiede zwischen Inhalteanbietern und Inhatltevermittlern erscheint ein zweigleisiges System überzeugend, also die Schaffung einer inhaltebasierten Medienkonzentrationskontrolle einerseits (1.) und eine Regulierung von Intermediären andererseits (2.). Aufgrund des weiten Gestaltungsspielraums des Gesetzgebers besteht kein Zwang, vorherrschender Meinungsmacht innerhalb eines in sich geschlossenen Regelungswerkes zu begegnen. Ein solches Vorgehen erscheint auch sachgerecht, da nicht im Wege eines „Sonderrechts" die Angebote einzelner Anbieter zum Ansatzpunkt einer Regulierung gemacht, sondern eine Zuordnung ausschließlich anhand der unterschiedlichen Funktionen für den Prozess der Meinungsbildung (Inhalteanbieter oder Inhaltevermittler) erfolgen könnte.

1. Inhaltebasierte Medienkonzentrationskontrolle

Es hat sich gezeigt, dass eine Orientierung an den klassischen Mediengattungen, also ein Anknüpfen am jeweiligen Verbreitungsweg zunehmend überholt ist. Das

360 Vgl. Übersicht bei *Cornils*, „Medienkonzentrationsrechtliche Entwicklungen in Bezug auf die Veranstaltung bundesweiten Fernsehens", in: Hohlfeld/Müller-Terpitz (Hrsg.), Medienkonzentrationskontrolle – Quo vadis?, S. 29ff.

Wirkpotential einzelner Inhalte bemisst sich wesentlich nach ihrer Darreichungsform. Jedenfalls im Ergebnis muss eine medienkonzentrationsrechtliche Bewertung daher diese Wirkformen in den Mittelpunkt stellen. Um die mehrdimensionale Wirkung von Medien ebenso wie die komplexen Auswirkungen cross-medialer Zusammenarbeit angemessen in den Blick nehmen zu können, muss ein reformiertes Medienkonzentrationsrecht Wertungsspielräume zur Verfügung stellen. Keine Lösung kann es sein, wie im Falle des Medienkonvergenzmonitors ausschließlich auf das nach Mediengattungen abgrenzbare Kriterium der Reichweite abzustellen. Umgekehrt sollte aber auch nicht jegliche Anknüpfung an konkrete Messgrößen aufgegeben werden. Eine daraus resultierende Einzelfalljudikatur erscheint unter den Aspekten der Rechtsklarheit und der Rechtssicherheit problematisch. Daher erscheint eine Einbeziehung insbesondere von Publikumskontakten als messbarem Vergleichsmaßstab sinnvoll.

Neben der Einbeziehung aller Formen medialer Inhaltevermittlung muss sich auch die unterschiedliche Meinungsbildungsrelevanz der transportieren Inhalte angemessen niederschlagen. Ein vollständiger Verzicht auf die Einbeziehung bestimmter Inhalte ist hingegen kaum zu rechtfertigen. Meinungsbildung vollzieht sich nicht nur im streng politischen Raum. Vielmehr sind gerade auch unterhaltende Inhalte relevant für die Vermittlung von Werten und für die Persönlichkeitsentwicklung. Dies bedeutet gleichwohl keinen Zwang zur Gleichbehandlung aller Inhalte. Vielmehr erscheint eine zielgruppenbezogene Gewichtung der Inhalte überlegenswert. Hierfür notwendig ist jedoch eine allgemeine Abkehr von den derzeitigen bundesweiten und auf die Gesamtbevölkerung bezogenen Maßstäben. Es zeigt sich, dass sich viele der Probleme, die sich aus unterschiedlichen Angebotstypen und ihrer Nutzung ergeben, mit einer kleinteiligeren Betrachtung deutlich präziser adressieren ließen. Hierdurch wäre auch eine Einbeziehung der Angebote des öffentlich-rechtlichen Rundfunks möglich, die ihrer jeweiligen Bedeutung für einzelne Bevölkerungsgruppen entspricht. Vorherrschende Meinungsmacht muss als Möglichkeit der tatsächlichen Beeinflussung des Prozesses öffentlicher Willensbildung begriffen werden. Wenngleich dies nicht bedeuten kann, dass jede individuell unterschiedliche Nutzung Berücksichtigung finden muss oder sollte, Pauschalisierungen zu einem gewissen Grad also notwendig bleiben, sind derart signifikante Unterschiede zwischen ganzen Bevölkerungsgruppen angemessen zu berücksichtigen.

Ein solches, alle Inhalte und Verbreitungsformen gleichermaßen berücksichtigendes Modell ist auch Voraussetzung, um die Meinungsmacht von Anbietern, die sowohl Inhalte kontrollieren als auch über Instrumente der Auffindbarkeitssteuerung verfügen, zu erfassen. Ist sichergestellt, dass alle Arten von Inhalten Berücksichtigung finden, würde eine Bevorzugung eigener bzw. kontrollierter Inhalte automatisch dazu führen, dass ihr Rezeptionsanteil gegenüber anderen Anbietern steigt und damit potentiell eine Prüfung durch die Aufsichtsbehörden wahrscheinlicher machen.

Diese Vorbedingungen zugrunde gelegt, wäre ein zweistufiges Modell denkbar. Anknüpfend an die Bedeutung von Publikumskontakten für die Meinungsmacht von Inhalteanbietern würde hier zunächst eine medienübergreifende Reichweitenmessung vorzunehmen sein. Das Ergebnis würde Auskunft darüber gegeben, wie viele Rezipienten ein einzelner Anbieter mit all seinen ihm zuzurechnenden inhaltlichen Angeboten erreicht. Eine (unscharfe) Vorabgewichtung der einzelnen Mediengattungen zueinander würde so weitestgehend vermieden. Gerade das Merkmal der Suggestivkraft kann sinnvoll nur an konkrete Darreichungsformen anknüpfen. In der praktischen Umsetzung könnten hierzu die Zahlen des Medienkonvergenzmonitors genutzt werden. Diese hätten, wie gesehen, zudem den Vorteil, dass hier vor allem die bewusste Mediennutzung abgebildet ist.[361] Sie wären allerdings auch auf andere als lediglich „informierende" Inhalte zu erstrecken. Möglich (und bezogen auf die Heterogenität der Mediennutzung auch sachgerecht)[362] wäre aber bereits heute eine nutzerorientierte Unterscheidung nach verschiedenen Bevölkerungsgruppen oder Regionen. Die Angebote des öffentlich-rechtlichen Rundfunks könnten in diesen „Teilmärkten" je nach seinem konkreten Nutzungsanteil einbezogen oder außer Acht gelassen werden. Eine entsprechende Schwelle wäre vom Gesetzgeber vorzugeben.

Würde in dieser ersten Stufe die konkrete Rezeptionsreichweite aller Anbieter ermittelt, obläge es dem Gesetzgeber in der Folge, Aufgreifschwellen festzulegen. Erst bei Erreichen dieser Schwellen wäre eine Prüfung durch die Aufsichtsbehörden möglich. Hierdurch würde den Interessen der betroffenen Unternehmen nach Rechtsklarheit und Rechtssicherheit Rechnung getragen. Diese Schwelle müsste jedoch erheblich niedriger angesetzt sein als die derzeit als Eingreifschwellen ausgestalteten Prozentgrenzen in § 26 Abs. 2 RStV, da sie lediglich den Aufsichtsbehörden eine Befassung mit der Sache gestattet, aber noch nicht zwingend ein Einschreiten zur Folge hätte.

Bei einem Überschreiten der zuvor festgelegten Schwellen, wäre das jeweils konkret in Rede stehende Gesamtangebot einer normativen Einzelfallprüfung zu unterziehen.[363] Wenn auch unter Berücksichtigung anderer, den speziellen Kontext berücksichtigende Prüfungsmaßstäbe, lehnt sich dieses Modell in seiner Struktur an die ebenfalls komplexe, kartellrechtliche Prüfung des Vorliegens einer marktbeherrschenden Stellung im Rahmen der Fusionskontrolle an.

Am Ende würde die Feststellung stehen, ob ein Unternehmen über vorherrschende Meinungsmacht verfügt oder ein Zusammenschluss solche entstehen ließe. In eine solche Prüfung könnten die konkrete(n) Darreichungsform(en) einzelner Angebote, gerade auch unter dem Aspekt der Suggestivkraft, einbezogen werden. Darüber hinaus könnte Berücksichtigung finden, an welche Zielgruppe sich Angebote richten, um hier eine entsprechende Gewichtung beispielsweise unterhaltender und (politisch) informierender Inhalte vorzunehmen.

Im Zusammenwirken mit den betroffenen Unternehmen könnten (Ausgleichs-)Maßnahmen erörtert werden, um einen Zusammenschluss zu genehmigen oder um im Falle des internen Wachstums Eingriffe der Aufsichtsbehörden in die Unternehmensstruktur zu vermeiden. Der Gesetzgeber könnte hier auch ausdrücklich eine Abwägung mit

---

361 Siehe unter III.2.

362 Vgl. hierzu insbesondere die Ausführungen zum sog. *Prat-Index* unter IV.3.b).

363 Eine derartige Prüfung würde die derzeitigen personellen Kapazitäten der KEK wohl übersteigen, sodass eine Aufstockung und Ergänzung gerade auch in fachlicher Hinsicht notwendig, jedenfalls aber sinnvoll erscheint.

anderen Vielfaltsbelangen vorsehen, um beispielsweise möglichen Vielfaltsgewinnen im Rahmen cross-medialer Verflechtungen[364] Rechnung zu tragen.

Insoweit wäre auch anzudenken, den derzeit in § 26 Abs. 4 RStV geregelten Maßnahmenkatalog zur Verringerung der Meinungsmacht betroffener Unternehmen durch eine offenere Generalklausel zu ersetzen, bzw. die dort genannten (gegebenenfalls zu ergänzenden) Maßnahmen lediglich beispielgebend auszugestalten. Vorbild könnten hier die – wesentlich funktionaler formulierten – Vorschriften der kartellrechtlichen Fusionskontrolle sein. Nach § 40 Abs. 3 GWB bzw. Art. 8 Abs. 2 UA 2 FKVO können die Kartellbehörden ihre Entscheidungen als Alternative zu einer vollständigen Untersagung mit „Bedingungen und Auflagen" verbinden, um die wettbewerbsrechtliche Vereinbarkeit eines Zusammenschlusses sicherzustellen. Neben sog. strukturbezogenen Maßnahmen, wie beispielsweise dem Verkauf von Unternehmensteilen, kommen dabei auch sog. verhaltensbezogene Maßnahmen, wie beispielsweise Marktöffnungszusagen, in Betracht. Bei der Wahl der konkreten Mittel (oder auch eines Maßnahmenbündels) ist einzig die Geeignetheit zur Lösung des identifizierten Problems maßgebend.[365]

Auf diese Weise könnte das bislang vor allem auf die bloße Zulassung oder Untersagung von Zusammenschlüssen ausgerichtete und damit deutlich unterkomplexe Medienkonzentrationsrecht zu einem flexiblen und für zukünftige Entwicklungen offenen Vielfaltsicherungsrecht weiterentwickelt werden.

Hierdurch würde die bisherige Praxis der Medienkonzentrationskontrolle in ihrer Struktur quasi auf den Kopf gestellt. Werden durch die KEK Spielräume bislang vor allem bei der abstrakten Bewertung des Meinungsbeeinflussungspotentials ganzer Mediengattungen wahrgenommen, würde die in der Kommission gebündelte (personell aber wohl aufzustockende) Sachkenntnis im hier skizzierten Modell vor allem dort zur Geltung gebracht, wo Beurteilungsspielräume sachverständiger Gremien ihre eigentliche Berechtigung haben: Bei der Beurteilung des Einzelfalls.

2. Regulierung von Intermediären

Das hier vorgeschlagene System der Medienkonzentrationskontrolle unterscheidet zwischen Inhalteanbietern und Inhaltevermittlern und setzt damit an der funktional unterschiedlichen Wirkung im und auf den Prozess der öffentlichen Willensbildung

---

364 Vgl. *Cornils*, „Medienkonzentrationsrechtliche Entwicklungen in Bezug auf die Veranstaltung bundesweiten Fernsehens", in: Hohlfeld/Müller-Terpitz (Hrsg.), Medienkonzentrationskontrolle – Quo vadis?, S. 37f., m.w.N.

365 Vgl. hierzu *Körber* in: Immenga/Mestmäcker, EU-Wettbewerbsrecht, Band 1, Art. 8 FKVO Rn. 116ff.; Anders als Art. 8 Abs. 2 UA 2 FKVO verbietet § 40 Abs. 3 GWB zwar eine „laufende Verhaltenskontrolle", eine trennscharfe Abgrenzung zwischen strukturellen und verhaltensbezogenen Maßnahmen ist aber kaum möglich, weshalb diese Einschränkung in Rechtsprechung und Literatur nur äußerst zurückhaltend zur Anwendung gebracht wird, siehe hierzu *Thomas* in: Immenga/Mestmäcker, Wettbewerbsrecht, Band 2, § 40 GWB Rn. 147ff.

an. Vor diesem Hintergrund muss auch das Verständnis dessen, was unter den Begriff des Inhaltevermittlers bzw. Intermediärs gefasst werden soll, primär einem funktionalen Ansatz folgen. Die „Bund-Länder-Kommission zur Medienkonvergenz“ möchte unter den Begriff alle Dienstetypen fassen, „die durch Aggregation, Selektion und Präsentation Aufmerksamkeit für von Dritten erstellte und gegebenfalls eigene Inhalte erzeugen“.[366] Beispielhaft werden Suchmaschinen, Soziale Netzwerke, App-Plattformen, User-Generated-Content (UGC)-Plattformen, (Micro-) Blogging-Plattformen, News-Aggregatoren und Verkaufsplattformen genannt.[367] Wenngleich die vorliegende Untersuchung gezeigt hat, dass regulatorisch eine Trennung zwischen der Vermittlung eigener und fremder Angebote angezeigt scheint, in diesem Punkt die von der Kommission gewählte Definition also nicht vollends überzeugen kann, wird dennoch im Übrigen nur ein in dieser Weise offenes Verständnis der Vielgestaltigkeit der Angebote gerecht.

Medienvielfaltsichernde Regelungen fehlen für diese Anbietertypen bislang jedoch nahezu vollständig. Angesichts der verfassungsrechtlichen Vorgaben ist der Gesetzgeber hier in der Pflicht. Hierbei gilt es zunächst besonders meinungsmächtige Akteure unter dem Gesichtspunkt der Verhinderung vorherrschender Meinungsmacht in den Blick zu nehmen.

Ähnlich wie bereits für die inhaltsbasierte Medienkonzentrationskontrolle dargelegt, eignet sich auch hier ein zweistufiges System, welches in einem ersten Schritt zur Wahrung der Rechts- und Planungssicherheit Aufgreifschwellen im Sinne einer „de-minimis“-Regel definiert. Die tatsächlichen Nutzung der Dienste muss auch hier als notwendige Voraussetzung für Meinungsmacht gelten und ist daher als quantitativer Ausgangspunkt an den Beginn der Prüfung zu stellen. Um einen zu pauschalen, den unterschiedlichen Nutzungsprofilen nicht gerecht werdenden Maßstab zu vermeiden, erscheint auch hier eine Unterscheidung anhand verschiedener Bevölkerungsgruppen bzw. Nutzungstypen sinnvoll.

Im Rahmen der sich anschließenden Prüfung, ob vorherrschende Meinungsmacht zu befürchten ist, gilt es jedoch den strukturell anders gelagerten Einfluss von Intermediären zu berücksichtigen. Im Mittelpunkt steht die Kontrolle des Zugangs zu bestimmten Inhalten. Meinungsmacht von Intermediären drückt sich daher nicht allein in hohen Nutzerzahlen aus. Entscheidend ist dabei auch weniger, für wieviele verschiedene inhaltliche Angebote ein einzelner Vermittlungsdienst einen Zugang eröffnet, sondern vor allem, inwieweit Nutzer noch über andere Wege auf konkrete inhaltliche Angebote zugreifen, bzw. zugreifen können.[368] In der Folge kann die Bestimmung der durch Zugangsvermittlung erreichten Meinungsmacht

366 Bericht der Bund-Länder-Kommission zur Medienkonvergenz, S. 31; vgl. auch *Brosda*, „Ordnungsrahmen für die digitalen Mittler“, pro media 4/2016, 4 (4).

367 Bericht der Bund-Länder-Kommission zur Medienkonvergenz, a.a.O.

368 Vgl. die wohl ähnlichen Überlegungen, wenngleich ohne eine Trennung von Inhalteanbietern und –vermittlern im Bericht der Bund-Länder-Kommission zur Medienkonvergenz, S. 38.

nicht ohne eine Betrachtung der jeweils konkret vermittelten Inhalte erfolgen. Mit anderen Worten: Hat ein Intermediär für eine bestimmte Art von Informationen ein technisch bedingtes, möglicherweise aber auch nur tatsächliches Zugangsmonopol inne, muss seine Meinungsmacht – unabhängig von den absoluten Nutzerzahlen – unter Umständen deutlich höher eingeschätzt werden, als im Fall eines ungleich größeren Anbieters, der anteilig betrachtet aber lediglich nur einen Zugangsweg unter vielen darstellt bzw. kontrolliert.

Dabei müssen neben der Konkurrenz durch andere Intermediäre auch weitere Formen des Zugangs als meinungsmachtbegrenzend angesehen werden. Sind die im Internet vermittelten Inhalte beispielsweise auch in gedruckter Form am Kiosk auffindbar, wird man die Stellung des Intermediärs anders bewerten müssen, als im Fall reiner Online-Inhalte. Für den Vergleich der verschiedenen Zugangswege wird es neben ihrer bloßen Existenz vor allem auf die tatsächliche Nutzung in den jeweils relevanten Ziel- bzw. Nutzergruppen ankommen.

Soll eine meinungsmächtige Stellung durch die bloße Vermittlung von Inhalten begründet werden, kommt es zudem essentiell auf die Meinungsbildungsrelevanz dieser Inhalte an. So muss die Vermittlung besonders wirkmächtiger Bewegtbildangebote, wie beispielsweise im Falle von YouTube insgesamt in einer stärkeren Meinungsmacht resultieren, als beispielsweise die Vermittlung bloßer Textangebote. Auch unter diesem Aspekt kann die Vermittlungstätigkeit nicht isoliert von den vermittelten Inhalten betrachtet werden.

Müssen in der Folge einzelne Akteure als besonders meinungsstark gelten, ist angesichts der aufgezeigten Vielgestaltigkeit der Angebote auf Rechtsfolgenseite ein flexibles Instrumentarium vorzuhalten. Dieses muss es ermöglichen, die jeweils im konkreten Angebot identifizierten Gefahren für den öffentlichen Willensbildungsprozess möglichst passgenau und für die betroffenen Unternehmen auf das Notwendige beschränkt adressieren zu können. Dies vermag ein bereits im Gesetz vorgegebener Maßnahmenkatalog kaum zu leisten. Insoweit können auch hier die oben bereits dargelegten Vorschriften des Wettbewerbsrechts ein taugliches Vorbild sein.

Ungeachtet dieser vor allem die besonders meinungsmächtigen Akteure betreffenden Fragen müssen die zu schaffenden rechtlichen Rahmenbedingungen zusätzlich einen ganz grundsätzlichen, alle Anbieter algorithmusgestützter Dienste betreffenden Aspekt in den Blick nehmen: Die Arbeit „klassischer" Medien erfolgt immer auch in Anerkennung einer besonderen Verantwortlichkeit für die Gesellschaft. Bezogen auf die Verbreitung privatrechtlich veranstalteter Rundfunkprogramme heißt es beispielsweise in § 41 Abs. 2 Hs.1 RStV:

> Die Rundfunkprogramme sollen zur Darstellung der Vielfalt im deutschsprachigen und europäischen Raum mit einem angemessenen Anteil an Information, Kultur und Bildung beitragen.

In § 5 des rheinland-pfälzischen Mediengesetzes (LMG-RLP) heißt es in Bezug auf alle Medien:

> Die Medien nehmen eine öffentliche Aufgabe wahr.

Vergleichbare Formulierungen finden sich auch in den Medien- und Pressegesetzen anderer Bundesländer. Für die konkrete journalistische Arbeit formuliert Ziffer 2 des Pressekodex unter der Überschrift „Sorgfalt" den Anspruch:

> Zur Veröffentlichung bestimmte Informationen in Wort, Bild und Grafik sind mit der nach den Umständen gebotenen Sorgfalt auf ihren Wahrheitsgehalt zu prüfen und wahrheitsgetreu wiederzugeben. Ihr Sinn darf durch Bearbeitung, Überschrift oder Bildbeschriftung weder entstellt noch verfälscht werden.

Für die Angebote moderner, algorithmusgestützer Informationsvermittler fehlen bislang vergleichbare gesetzliche oder ethische Standards. Dies erscheint auf den ersten Blick auch nicht verwunderlich, entzieht sich die vor allem auf „persönliche Relevanz" ausgerichtete Funktionsweise der zur Selektion und Sortierung verwendeten Algorithmen doch gerade solchen klassischen journalistischen Kategorien. Gleichwohl folgt aus dem Anbieten derartiger Dienste eine vergleichbar gewichtige Verantwortung. Selbst wollte man sämtliche Möglichkeiten der Manipulation oder bewussten Verzerrung[369] hinwegdenken, bleibt die Nutzung komplexer Algorithmen risikobehaftet. Mit anderen Worten: Auch Algorithmen machen bzw. erzeugen „Fehler".

Insbesondere die nur schwer vorherzusagenden und bislang noch unzureichend erforschten Wechselwirkungen zwischen Mensch und Algorithmus, wie sie gerade in sozialen Netzwerken aber auch im Fall von Suchmaschinen zu beobachten sind, können teils verheerende Auswirkungen haben.[370] Eines der berühmtesten Beispiele ist der Streit zwischen Bettina Wulff und „Google" über dessen sog. Auto-Complete-Funktion. Ungeachtet der dabei im Fokus stehenden persönlichkeitsrechtlichen Aspekte, beleuchtet das Beispiel deutlich die Gefahren eines „blinden" Vertrauens in die Funktionsfähigkeit von Algorithmen und wirft weitergehend sehr grundsätzliche ethische Fragen auf: Gerade „Google" verweigerte eine manuelle Anpassung der Auto-Complete-Vorschläge vor allem mit dem Argument, die Suchvorschläge und -ergebnisse nicht verfälschen zu wollen.[371] Dem liegt wohl die Vorstellung zugrunde, das gerade heterogene menschliche Moral- und Wertevorstellungen einen Faktor darstellen, dessen Einfluss es zur Offenhaltung des öffentlichen Diskurses a priori zu minimieren gilt. Dies gleichwohl um den Preis, dass im konkreten Fall ein nachweislich falsches Faktum Einzug in den öffentlichen Diskurs fand.

Diese Debatte verdeutlicht exemplarisch, wie ungeklärt die gesamtgesellschaftliche Erwartung an die Funktionserfüllung durch Algorithmen ist. Angesichts der kaum zu bestreitenden Bedeutung dieser Fragen für den Prozess der demokratischen Willensbildung, scheint es nicht länger hinnehmbar, dass ihre Beantwortung zur

---

369 Vgl. das Beispiel der „kreationistischen Suchmaschine" unter IV.2.b).

370 So auch *Zweig*, „Informationsfreiheit vs. Filter Bubble – Warum Algorithmen eine Ethik brauchen", Vortrag im Rahmen des LPR-Forums Medienzukunft „‚Rettet Silicon Valley den Journalismus?' Über neue Kooperationen, Verbreitungswege und Abhängigkeiten" vom 10.03.2016, abgedruckt in epd medien, 19/2016, 24 (26).

371 Vgl. hierzu FAZ.NET vom 26.01.2015, online abrufbar unter http://www.faz.net/-gqz-7yn80.

willkürlichen Entscheidung der jeweiligen Anbieter steht. Zunehmend wird daher auch für das Design und die Nutzung von Algorithmen eine Ethik, jedenfalls aber eine Überprüfbarkeit gefordert. Verwendung findet dabei immer wieder auch der plakative Begriff des „Algorithmus-TÜV".[372] Ein solcher Schritt erscheint im Grundsatz bedenkenswert. Möglicherweise ist auch die von der „Bund-Länder-Kommission zur Medienkonvergenz" vorschlagene Deklarationspflicht für Intermediäre in den Händen einer solchen fachkundigen und unabhängigen Stelle besser aufgehoben und kann dort einen wertvollen Beitrag leisten. Eine solche Stelle scheint angesichts der zu beurteilenden Komplexität der Algorithmen für eine Überprüfung jedenfalls wesentlich geeigneter als der einzelne Bürger.

372 Vgl. nur *Zweig*, „Informationsfreiheit vs. Filter Bubble – Warum Algorithmen eine Ethik brauchen", Vortrag im Rahmen des LPR-Forums Medienzukunft „‚Rettet Silicon Valley den Journalismus?' Über neue Kooperationen, Verbreitungswege und Abhängigkeiten" vom 10.03.2016, abgedruckt in epd medien, 19/2016, 24 (25f.).

VI. Ausblick

Die Untersuchung hat gezeigt, dass die Verhinderung vorherrschender Meinungsmacht keine Frage ist, die zur Disposition des Gesetzgebers steht. Diesem steht bei der Wahl der Mittel, die er zur Zielerreichung vorsieht, zwar grundsätzlich ein weiter Handlungsspielraum zu. Dieser Spielraum entbindet jedoch nicht davon, geeignete, den tatsächlichen Gegebenheiten Rechnung tragende Regelungen vorzusehen. Den im Rahmen dieser Untersuchung dargestellten Problemfeldern muss sich der Gesetzgeber daher stellen. Ein möglicher Lösungsansatz wurde abschließend in seinen Grundzügen skizziert.

Es bleibt gleichwohl darauf hinzuweisen, dass auch eine effektive Medienkonzentrationskontrolle nur Teil einer Gesamtanstrengung sein kann. Übergeordnetes Ziel bleibt es, Meinungsvielfalt in den Medien insgesamt zu erhalten. Die Verhinderung vorherrschender Meinungsmacht dient der Verhinderung von Meinungs- und Informationsmonopolen. In dieser Funktion bleiben entsprechende Regelungen unverzichtbar. Hinzukommen müssen jedoch auch Elemente, die im Sinne einer positiven Vielfaltsicherung die inhaltliche Vielfalt in den Blick nehmen. In beiden Fällen, sowohl im Rahmen der negativen, wie auch der positiven Vielfaltsicherung, entbindet die Schwierigkeit, geeignete Regelungsinstrumente zu finden, den Gesetzgeber nicht von seinem verfassungsrechtlichen Handlungsauftrag. Es wäre wünschenswert, wenn die derzeit diskutierten Argumente und Vorschläge nicht auch nach weiteren zwanzig Jahren noch Anlass zu der Feststellung geben, dass sie „nach wie vor von ungebrochener Aktualität sind“.[373]

373 Siehe unter II.2.a.

Literaturverzeichnis[374]

Bauer, Wolf: „Unterhaltungsfernsehen – Die unheimlichen Erzieher", Frankfurter Allgemeine Zeitung (FAZ) vom 27.01.2011, online abrufbar unter http://www.faz.net/-gsc-xt4b.

Bornemann, Roland: „Wie die KEK gefühlte Meinungsmacht in eine Eingriffskompetenz umrechnet", MMR 2006, S. 275 ff.

Bullinger, Martin: „Konzentration im digitalen Rundfunk", JZ 2002, S. 264 ff.

Brosda, Carsten: „Ordnungsrahmen für die digitalen Mittler", pro media 4/2016, S. 4 ff.

Bund-Länder-Kommission zur Medienkonvergenz: Bericht der Bund-Länder-Kommission zur Medienkonvergenz, Juni 2016, online abrufbar unter https://www.bundesregierung.de/ Content/DE/_Anlagen/BKM/2016/2016-06-14-medienkon vergenz-bericht-blk.pdf?__blob=publicationFile&v=3.

Bund-Länder-Kommission zur Medienkonvergenz: Zwischenbericht der Bund-Länder-Kommission zur Medienkonvergenz, Dezember 2015, online abrufbar unter https://www.rlp.de/fileadmin/rlp-stk/pdf-Dateien/Medienpolitik/Zwischenbe richt_Bund-Laender-Kommission_zur_Medienkonvergenz_Dezember_2015.pdf.

Clausen-Muradian, Elisabeth: „Konzentrationskontrolle im privaten Rundfunk – Der neue Rundfunkstaatsvertrag (RfStV) 1997", ZUM 1996, S. 934 ff.

Cornils, Matthias: „Medienkonzentrationsrechtliche Entwicklungen in Bezug auf die Veranstaltung bundesweiten Fernsehens", in: Hohlfeld/Müller-Terpitz (Hrsg.), Medienkonzentrationskontrolle – Quo vadis?, Stuttgart 2011, S. 25 ff.

Direktorenkonferenz der Medienanstalten (DLM): MedienVielfaltsMonitor Ergebnisse 2. Halbjahr 2015 – Anteile der Medienangebote und Medienkonzerne am Meinungsmarkt der Medien in Deutschland, Berlin/München 2016, online abrufbar unter http://www.die-medienanstalten.de/fileadmin/Download/Publikationen/Medienkonvergenzmonitor/MedienVielfaltsMonitor_2.Halbjahr_2015_11.05.16.pdf (zit. „MedienVielfaltsMonitor 2. HJ 2015").

Dörr, Dieter: „Ein Grundrecht der Medienfreiheit – Gleiches Recht für alle?", K&R Beihefter 2/2013, S. 9 ff.

Dörr, Dieter: „Die Sicherung der Meinungsvielfalt und die Rolle des privaten Rundfunks", in: Sachs (Hrsg.), Der grundrechtsgeprägte Verfassungsstaat, Festschrift für Klaus Stern, Berlin 2012, S. 1349 ff.

Dörr, Dieter / Deicke, Richard: „Positive Vielfaltsicherung – Bedeutung und zukünftige Entwicklung der Fensterprogramme für die Meinungsvielfalt in den privaten Fernsehprogrammen, Studie des Mainzer Medieninstituts, Mainz 2015, online

374 Alle zitierten Internetquellen wurden zuletzt abgerufen im Juli 2016.

abrufbar unter http://www.mainzer-medieninstitut.de/publikationen/dokumente/Studie%20-%20Positive%20Vielfaltsicherung.pdf (Gekürzte Fassung in ZUM 2015, S. 89 ff.).

Dörr, Dieter / Heer, Christine: „Das Hamburgische Mediengesetz und die Medienvielfalt“, K&R 2004, S. 424 ff.

Dörr, Dieter / Natt, Alexander: „Suchmaschinen und Meinungsvielfalt – Ein Beitrag zum Einfluss von Suchmaschinen auf die demokratische Willensbildung“, ZUM 2014, S. 829 ff.

Dörr, Dieter / Schiedermair, Stephanie: „Die zukünftige Finanzierung der deutschen Universitäten“, Forum, Schriftenreihe des Deutschen Hochschulverbands, Heft 72, Bonn 2004.

Engel, Christoph: „Die Messung der Fernsehnutzung als Voraussetzung eines Marktanteilsmodells“, ZUM 1995, S. 653 ff.

Europäische Kommission : Grünbuch über die Vorbereitung auf die vollständige Konvergenz der audiovisuellen Welt: Wachstum, Schöpfung und Werte, COM (2013) 231, 24.04.2013, online abrufbar unter https://ec.europa.eu/digital-single-market/sites/digital-agenda/files/convergence_green_paper_de_0.pdf.

Fink, Udo: „Wem dient die Rundfunkfreiheit?“, DÖV 1992, S. 805 ff.

Gersdorf, Hubertus: „Grundzüge des Rundfunkrechts: nationaler und europäischer Regulierungsrahmen“, München 2003.

Hahn, Werner / Vesting, Thomas (Hrsg.): Beck'scher Kommentar zum Rundfunkrecht, 3. Auflage, München 2012, (zit. *Bearbeiter*, in: Hahn/Vesting, Beck'scher Kommentar zum Rundfunkrecht).

Hain, Karl-Eberhard: „Vorherrschende Meinungsmacht i.S.d. § 26 Abs. 1, 2 RStV – Die Kontroverse um ‚quantitative‘ oder ‚qualitative‘ Bestimmung“, MMR 2000, S. 537 ff.

Hain, Karl-Eberhard: „Die zeitlichen und inhaltlichen Einschränkungen der Telemedienangebote von ARD, ZDF und Deutschlandradio nach dem 12. RÄndStV“, Rechtsgutachten für ARD, ZDF und Deutschlandradio, Baden-Baden 2009.

Hain, Karl-Eberhard / Wierny, Thomas: „Austrocknung der Vielfaltssicherung im bundesweiten Fernsehen“, K&R 2012, S. 645 ff.

Hartstein, Reinhard / Ring, Wolf / Kreile, Johannes / Dörr, Dieter / Stettner, Rupert / Cole, Mark D. / Wagner, Eva Ellen (Hrsg.): Heidelberger Kommentar zum Rundfunkstaatsvertrag, Loseblatt, 58. Ergänzungslieferung, Heidelberg 2015, (zit. *Bearbeiter* (soweit ausgewiesen), in: Heidelberger Kommentar zum Rundfunkstaatsvertrag).

Hasebrink, Uwe: „Kommunikationswissenschaftliches Gutachten für die Kommission zur Ermittlung der Konzentration im Fernsehbereich (KEK)“, in: Schriftenreihe der Landesmedienanstalten, Band 35, Berlin 2005, S. 93 ff.

Hasebrink, Uwe / Schmidt, Jan-Hinrik: „Informationsrepertoires der deutschen Bevölkerung“, in: Arbeitspapiere des Hans-Bredow-Instituts Nr. 24, Hamburg 2012.

Hege, Hans: „Gebietet das Verfassungsrecht eine öffentlich finanzierte Suchmaschine", in: Digitalisierungsbericht der Landesmedienanstalten, Berlin 2012, S. 13 ff.

Held, Thorsten: „Online-Angebote öffentlich-rechtlicher Rundfunkanstalten: Eine Untersuchung des verfassungsrechtlich geprägten und einfachgesetzlich ausgestalteten Funktionsauftrags öffentlich-rechtlichen Rundfunks im Hinblick auf Internet-Dienste", Baden-Baden 2008.

Holznagel, Bernd / Dörr, Dieter / Hildebrand, Doris: „Elektronische Medien. Entwicklung und Regulierungsbedarf", München 2008.

Immenga, Ulrich / Mestmäcker, Ernst-Joachim (Hrsg.): Wettbewerbsrecht, Band 2, 5. Auflage, München 2014, (zit. *Bearbeiter*, in: Immenga/Mestmäcker, Wettbewerbsrecht, Band 2).

Immenga, Ulrich / Mestmäcker, Ernst-Joachim (Hrsg.): EU-Wettbewerbsrecht, Band 1, 5. Auflage, München 2012, (zit. *Bearbeiter*, in: Immenga/Mestmäcker, EU-Wettbewerbsrecht, Band 1).

Jarren, Otfried / Donges, Patrick: „Politische Kommunikation in der Mediengesellschaft: Eine Einführung", 3. Auflage, Wiesbaden 2011.

Kaase, Max: „Welche Aussagen erlauben die Zuschaueranteile über den Einfluß der Fernsehprogramme auf die Meinungsbildung?", in: Schriftenreihe der Landesmedienanstalten, Band 13, Berlin 1999, S. 17 ff.

Kirchhof, Paul: „Der Öffentlichkeitsauftrag des öffentlichen Rundfunks als Befähigung zur Freiheit", in: Abele/Fünfgeld/Riva (Hrsg.), Werte und Wert des öffentlich-rechtlichen Rundfunks in der digitalen Zukunft, Potsdam 2001, S. 9 ff.

Kluth, Winfried / Schulz, Wolfgang: „Konvergenz und regulatorische Folgen. Gutachten im Auftrag der Rundfunkkommission der Länder", in: Arbeitspapiere des Hans-Bredow-Instituts Nr. 30, Hamburg 2014.

Kommission zur Ermittlung der Konzentration im Medienbereich (KEK): „Von der Fernsehzentrierung zur Medienfokussierung – Anforderungen an eine zeitgemäße Sicherung medialer Meinungsvielfalt, Bericht der Kommission zur Ermittlung der Konzentration im Medienbereich (KEK) über die Entwicklung der Konzentration und über Maßnahmen zur Sicherung der Meinungsvielfalt im privaten Rundfunk", in: Schriftenreihe der Landesmedienanstalten, Band 49, Berlin 2015.

Kors, Johannes: „Die Wissensbasis: Ergebnisse des neuen DLM-Medienkonvergenzmonitors", Vortrag im Rahmen des DLM-Symposiums 2015 „Moderne Regulierung schaffen, Medienzukunft gestalten" vom 19.03.2015, online abrufbar unter http://www.dlm-symposium.org/downloads/1125/Kors_DLMSymposion20150319Druck.pdf.

Kübler, Friedrich: „Konzentrationskontrolle des bundesweiten Rundfunks", in: Schriftenreihe der Landesmedienanstalten, Band 4, Berlin 1995, S. 287 ff.

Loewenheim, Ulrich / Meessen, Karl / Riesenkampff, Alexander (Hrsg.): Kartellrecht Kommentar, 2. Auflage, München 2009, (zit. *Bearbeiter*, in: Loewenheim/Meessen/Riesenkampff, Kartellrecht Kommentar).

Monopolkommission: „Wettbewerbsprobleme bei der Einführung von privatem Hörfunk und Fernsehen", Sondergutachten 11, Baden-Baden 1981.

Müller von Blumencron, Mathias: „Redaktionen als Werkstuben", epd medien, 25/2015, S. 5 ff.

Neuberger, Christoph / Lobigs, Frank: „Die Bedeutung des Internets im Rahmen der Vielfaltssicherung – Gutachten im Auftrag der Kommission zur Ermittlung der Konzentration im Medienbereich (KEK)", in: Schriftenreihe der Landesmedienanstalten Band 43, Berlin 2010 S. 17 ff.

Nothelfer, Wolfgang: „Wann behindern konglomerate Fusionen den Wettbewerb?", EuZW 2007, S. 332 ff.

Paal, Boris: „Suchmaschine, Marktmacht und Meinungsbildung", Baden-Baden 2012.

Paal, Boris: „Vielfaltsicherung im Suchmaschinensektor", ZRP 2015, S. 34 ff.

Pariser, Eli: „When the Internet Thinks It Knows You", .The New York Times vom 22.03.2011, online abrufbar unter http://www.nytimes.com/2011/05/23/opinion/23pariser.html?_r=0.

Peifer, Karl-Nikolaus: „Vielfaltssicherung im bundesweiten Fernsehen – Voraussetzungen und Grenzen einer Prüfung der medienrelevanten verwandten Märkte", in: BLM-Schriftenreihe, Band. 82, München 2005, S. 7 ff.

Prat, Andrea: „Media Power", 2015, online abrufbar unter http://www.lse.ac.uk/government/research/resgroups/PSPE/pdf/2015/Prat.pdf.

Ricker, Reinhart / Schiwy, Peter: „Rundfunkverfassungsrecht", München 1997.

Ring, Wolf-Dieter: Vorwort in: BLM-Schriftenreihe, Band. 82, München 2005, S. 3 ff.

Schulz, Wolfgang: „Ziele und Anknüpfungspunkte für die zukünftige Medienregulierung", Vortrag im Rahmen des DLM-Symposiums 2015 „Moderne Regulierung schaffen, Medienzukunft gestalten" vom 19.03.2015, online abrufbar unter http://www.dlm-symposium.org/downloads/1133/DLMSymposium_ImpulsWolfgang Schulz.pdf.

Schulz, Wolfgang / Dankert, Kevin: „Die Macht der Informationsintermediäre – Erscheinungsformen, Strukturen und Regulierungsoptionen", Gutachten im Auftrag der Friedrich-Ebert-Stiftung, Bonn 2016.

Schulz, Wolfgang / Held, Thorsten: „Die Zukunft der Kontrolle der Meinungsmacht", Gutachten im Auftrag der Friedrich-Ebert-Stiftung, Berlin 2006.

Spindler, Gerald / Schuster, Fabian (Hrsg.): Recht der elektronischen Medien: Kommentar, 3. Auflage, München 2015, (zit. *Bearbeiter*, in: Spindler/Schuster, Recht der elektronischen Medien: Kommentar).

Stark, Birgit / Magin, Melanie / Jürgens, Pascal : „Navigieren im Netz – Befunde einer qualitativen und quantitativen Nutzerbefragung", in: Stark/Dörr/Aufenanger (Hrsg.), Die Googleisierung der Informationssuche. Suchmaschinen zwischen Nutzung und Regulierung, Berlin 2014, S. 20 ff.

TNS Infratest: „Gewichtungsstudie zur Relevanz der Medien für die Meinungsbildung in Deutschland – MedienGewichtungsStudie 2015-II", Januar 2016, online abrufbar unter http://www.die-medienanstalten.de/fileadmin/Download/Publikationen/Medienkonvergenzmonitor/Gewichtungsstudie_02-2015_final.pdf (zit. „MedienGewichtungsStudie 2015-II").

Wulff, Carsten: „Abschied vom »one man/one show« – Prinzip in der Diskussion um die Medienkonzentrationskontrolle?", ZUM 1997, S. 543 ff.

Zweig, Katharina: „Informationsfreiheit vs. Filter Bubble – Warum Algorithmen eine Ethik brauchen", Vortrag im Rahmen des LPR-Forums Medienzukunft „‚Rettet Silicon Valley den Journalismus?' Über neue Kooperationen, Verbreitungswege und Abhängigkeiten" vom 10.03.2016, abgedruckt in epd medien, 19/2016, S. 24 (25).

Studien zum deutschen und europäischen Medienrecht

Herausgegeben von Dieter Dörr und Udo Fink
mit Unterstützung der Dr. Feldbausch Stiftung

Band 1 Peter Charissé: Die Rundfunkveranstaltungsfreiheit und das Zulassungsregime der Rundfunk- und Mediengesetze. Eine verfassungs- und europarechtliche Untersuchung der subjektiv-rechtlichen Stellung privater Rundfunkveranstalter. 1999.

Band 2 Dieter Dörr: Umfang und Grenzen der Rechtsaufsicht über die Deutsche Welle. 2000.

Band 3 Claudia Braml: Das Teleshopping und die Rundfunkfreiheit. Eine verfassungs- und europarechtliche Untersuchung im Hinblick auf den Rundfunkstaatsvertrag, den Mediendienste-Staatsvertrag, das Teledienstegesetz und die EG-Fernsehrichtlinie. 2000.

Band 4 Dieter Dörr, unter Mitarbeit von Mark D. Cole: *Big Brother* und die Menschenwürde. Die Menschenwürde und die Programmfreiheit am Beispiel eines neuen Sendeformats. 2000.

Band 5 Martin Stock: Medienfreiheit in der EU-Grundrechtscharta: Art. 10 EMRK ergänzen und modernisieren! 2000.

Band 6 Wolfgang Lent: Rundfunk-, Medien-, Teledienste. Eine verfassungsrechtliche Untersuchung des Rundfunkbegriffs und der Gewährleistungsbereiche öffentlich-rechtlicher Rundfunkanstalten unter Berücksichtigung einfachrechtlicher Abgrenzungsfragen zwischen Rundfunkstaatsvertrag, Mediendienstestaatsvertrag und Teledienstegesetz. 2001.

Band 7 Torsten Schreier: Das Selbstverwaltungsrecht der öffentlich-rechtlichen Rundfunkanstalten. 2001.

Band 8 Dieter Dörr: Sport im Fernsehen. Die Funktionen des öffentlich-rechtlichen Rundfunks bei der Sportberichterstattung. 2000.

Band 9 Dieter Dörr (Hrsg.): www.otello.de. Klassik nur noch im Internet oder per pay? Symposium aus Anlass des 85. Geburtstages von Professor Dr. Heinz Hübner. 2000.

Band 10 Markus Nauheim: Die Rechtmäßigkeit des Must-Carry-Prinzips im Bereich des digitalisierten Kabelfernsehens in der Bundesrepublik Deutschland. Illustriert anhand des Vierten Rundfunkänderungsstaatsvertrages. 2001.

Band 11 Stefan Sporn: Die Ländermedienanstalt. Zur Zukunft der Aufsicht über den privaten Rundfunk in Deutschland und Europa. 2001.

Band 12 Christian Ebsen: Fensterprogramme im Privatrundfunk als Mittel zur Sicherung von Meinungsvielfalt. 2003.

Band 13 Dieter Dörr / Stephanie Schiedermair: Rundfunk und Datenschutz. Die Stellung des Datenschutzbeauftragten des Norddeutschen Rundfunks. Eine Untersuchung unter besonderer Berücksichtigung der verfassungsrechtlichen und europarechtlichen Vorgaben. 2002.

Band 14 Dieter Dörr (Hrsg.): Rundfunk über Gebühr. Die Finanzierung des öffentlich-rechtlichen Rundfunks im Zeitalter der technischen Konvergenz. 3. Mainzer Mediengespräch. 2003.

Band 15 Dieter Dörr / Stephanie Schiedermair: Die Deutsche Welle. Die Funktion, der Auftrag, die Aufgaben und die Finanzierung heute. 2003.

Band 16 Frauke Blechschmidt: Das Instrumentarium audiovisueller Politik der Europäischen Gemeinschaft aus kompetenzrechtlicher Sicht. 2003.

Band 17 Christine Jury: Die Maßgeblichkeit von Art. 49 EG für nationale rundfunkpolitische Ordnungsentscheidungen unter besonderer Berücksichtigung von Art. 151 EG. Eine Untersuchung am Beispiel öffentlich-rechtlicher Spartenkanäle. 2005.

Band 18 Sabine Groh: Die Bonusregelungen des § 26 Abs. 2 S. 3 des Rundfunkstaatsvertrages. 2005.

Band 19 Sylke Wagner: Das *Websurfen* und der Datenschutz. Ein Rechtsvergleich unter besonderer Berücksichtigung der Zulässigkeit sogenannter *Cookies* und *Web Bugs* am Beispiel des deutschen und U.S.-amerikanischen Rechts. 2006.

Band 20 Stephanie Reese: Der Funktionsauftrag des öffentlich-rechtlichen Rundfunks vor dem Hintergrund der Digitalisierung. Zur Konkretisierung des Funktionsauftrages in § 11 Rundfunkstaatsvertrag. 2006.

Band 21 Henrike Maaß: Der Dokumentarfilm – Bürgerlichrechtliche und urheberrechtliche Grundlagen der Produktion. 2006.

Band 22 Dorit Bosch: Die „Regulierte Selbstregulierung" im Jugendmedienschutz-Staatsvertrag. Eine Bewertung des neuen Aufsichtsmodells anhand verfassungs- und europarechtlicher Vorgaben. 2007.

Band 23 Johannes Gerhard Reitzel: Arbeitsrechtliche Aspekte der Arbeitnehmerähnlichen im Rundfunk. 2007.

Band 24 Ulf Böge / Jürgen Doetz / Dieter Dörr / Rolf Schwartmann: Wieviel Macht verträgt die Vielfalt? Möglichkeiten und Grenzen von Medienfusionen. 2007.

Band 25 Valérie Schüller: Die Auftragsdefinition für den öffentlich-rechtlichen Rundfunk nach dem 7. und 8. Rundfunkänderungsstaatsvertrag. 2007.

Band 26 Simone Naumann: Die arbeitnehmerähnliche Person in Fernsehunternehmen. 2007.

Band 27 Nathalie Hellmuth: ARTE – Europa auf Sendung. Verfassungsrechtliche Rahmenbedingungen für die Beteiligung von ARD und ZDF an supranationalen Gemeinschaftssendern am Beispiel des Europäischen Kulturkanals ARTE. 2007.

Band 28 Dieter Dörr / Stephanie Schiedermair: Ein kohärentes Konzentrationsrecht für die Medienlandschaft in Deutschland. 2007.

Band 29 Dieter Dörr / Simone Sanftenberg / Rolf Schwartmann (Hrsg.): Medienherausforderungen der Zukunft. Seminar zum nationalen und internationalen Medienrecht. Vom 06.–10. Dezember 2006 in Lech am Arlberg (Österreich). 2008.

Band 30 Nina Nicole Hütt: Zur Frage der Existenz von Hörfunkrechten des Sportveranstalters unter besonderer Berücksichtigung der Fußball-Bundesliga. 2008.

Band 31 Hans-Martin Schmidt: Rundfunkgebührenfinanzierung unter dem GATS. 2008.

Band 32 Julia Niebler: Die Stärkung der Regionalfensterprogramme im Privaten Rundfunk als Mittel zur Sicherung der Meinungsvielfalt durch den Achten Rundfunkänderungsstaatsvertrag. 2009.

Band 33 Jörg Michael Voß: Pluraler Rundfunk in Europa – ein duales System für Europa? Rahmenbedingungen für den öffentlich-rechtlichen Rundfunk in einer europäischen dualen Rundfunkordnung. Unter Berücksichtigung der Anforderungen der europäischen Meinungs- und Medienfreiheit. 2008.

Band 34 Nina Knorre: Die Abwicklung des Arbeitsverhältnisses nach erfolgreicher Statusklage im Rundfunk. 2008.

Band 35 Kai Friedrich Zentara: Medienordnung und Öffentlicher Diskurs. Die Pflicht des Staates zur Gewährleistung der Funktionstüchtigkeit des Öffentlichen Diskurses. 2009.

Band 36 Daniel Rudolph: Erhalt von Vielfalt im Pressewesen. Unter besonderer Berücksichtigung des publizistischen Wettbewerbs. 2009.

Band 37 Felix Heimann: Der Pressekodex im Spannungsfeld zwischen Medienrecht und Medienethik. 2009.

Band 38 Christine Scheunert: Europäischer Jugendschutz für das Fernsehen.Bestimmungen eines kohärenten Harmonisierungsgrades unter Berücksichtigung der Jugendschutzsysteme in Großbritannien, den Niederlanden, Deutschland und Polen. 2009.

Band 39 Kristoff M. Ritlewski: Pluralismus als Strukturprinzip im Rundfunk. Anforderungen aus dem Funktionsauftrag und Regelungen zur Sicherung in Deutschland und Polen. 2009.

Band 40 Carola Drechsler: Europäische Förderung audiovisueller Medien zwischen Welthandel und Anspruch auf kulturelle Vielfalt. Unter besonderer Berücksichtigung der Kulturkompetenz der Europäischen Gemeinschaft. 2009.

Band 41 Marco Rau: Der internationale Schutz von Domainnamen und Markenrechten im Internet. Analyse unter Berücksichtigung deutschen Rechts. 2010.

Band 42 Caroline Hahn: Die Aufsicht des öffentlich-rechtlichen Rundfunks. Bestandsaufnahme und Zukunftsperspektiven. 2010.

Band 43 Harald Bretschneider: Bewertung crossmedialer Verflechtungen im Medienkonzentrationsrecht. Eine rechtsvergleichende Untersuchung unter besonderer Berücksichtigung Deutschlands, Großbritanniens sowie der Entwicklung in der EU. 2010.

Band 44 Rolf Schwartmann: Die Beteiligung von Presseunternehmen am Rundfunk. Rechtsgutachten zur Novellierung des § 33 Abs. 3 LMG NRW. 2010.

Band 45 Christopher Wolf: Der Kulturauftrag des öffentlich-rechtlichen Rundfunks in der Rechtsprechung des Bundesverfassungsgerichts. 2010.

Band 46 Dieter Dörr (Hrsg.): Die Medienordnung der Zukunft. Zum 10jährigen Bestehen des Mainzer Medieninstituts. 2011.

Band 47 Laura Johanna Reinlein: Medienfreiheit und Medienvielfalt. Kontrolle crossmedialer Konzentration in Zeiten der Konvergenz. 2011.

Band 48 Eva Ellen Wagner: Abkehr von der geräteabhängigen Rundfunkgebühr. Die Neuordnung der Rundfunkfinanzierung. 2011.

Band 49 Dieter Dörr (Hrsg.): Die Macht der Medien. Medienrechtliches Kolloquium zum 75. Geburtstag von Hartmut Schiedermair. 2011.

Band 50 Christine Seehaus: Das Pornographieverbot im Rundfunk und in den elektronischen Medien. 2011.

Band 51 Eva Aernecke: Der Schutz elektronischer Daten im Verfassungsrecht. Bedrohungen durch neue Ermittlungsmethoden. 2012.

Band 52 Armin Kühne: Haftung von Suchmaschinenbetreibern. 2012.

Band 53 Christian Gehweiler: Immaterialgüterrechtliche Vorbenutzungsrechte. 2012.

Band 54 Philipp Karl Julius Mohr: Legitimationsdefizite bei der Bestimmung der Höhe der Rundfunkgebühr. Eine verfassungsrechtliche Untersuchung zu dem Spannungsverhältnis zwischen Rundfunkfreiheit und Demokratieprinzip. 2012.

Band 55 Giselle Camargos Becker: Massenkommunikation in Brasilien. Regulierung und Praxis. 2013.

Band 56 Cora Brunner: Melodienschutz im Urheberrecht. 2013.

Band 57 Regine Sprenger: Optionen zur Regulierung des publizistischen Wettbewerbs. Eine konzeptionelle Untersuchung des Kartellrechts und des medienspezifischen Konzentrationsrechts in Bezug auf die Verhinderung vorherrschender Meinungsmacht. 2013.

Band 58 Christian Strieder: Der Bestand von Fußballübertragungsrechten in der Insolvenz und deren Ertragssicherung durch Hedging. 2014.

Band 59 Jessica Sänger: Mediale Verwertung von Sportveranstaltungen. Zivilrechtliche Grundlagen der Verwertung und kartellrechtliche Analyse der Einkaufsgemeinschaft der EBU. 2015.

Band 60 Freya Gräfin Kerssenbrock: Die Legitimation der Medien nach dem Grundgesetz. Zur verfassungsrechtlichen Stellung von Rundfunk und Presse im Zeitalter von Social Media. 2015.

Band 61 Liane Vollmer-Gärtner: Das kostenlose periodische Druckwerk. Struktur, presse- und wettbewerbsrechtliche Problematik von Anzeigenblättern. 2016.

Band 62 Dieter Dörr / Bernd Holznagel / Arnold Picot: Legitimation und Auftrag des öffentlich-rechtlichen Fernsehens in Zeiten der Cloud. 2016.

Band 63 Alexander Natt: Meinungsmacht in einer konvergenten Medienwelt. Erfassung medialen Einflusspotentials und seine rechtliche Bewertung. 2016.

www.peterlang.com

www.ingramcontent.com/pod-product-compliance
Ingram Content Group UK Ltd.
Pitfield, Milton Keynes, MK11 3LW, UK
UKHW021823290926
8980IPUK00004B/240

9 783631 699300